〔日〕内田也哉子 中野信子 著

英珂 译

还能做家人吗？

GUANGXI NORMAL UNIVERSITY PRESS
广西师范大学出版社
·桂林·

私たちは家族を選べずに
この世に生まれてきました。でも、
山あり谷ありの家族との暮らしを
どう面白がれるかは、私たち次第。
中野さんとの対話の中には
家族を面白がるヒントが沢山
あります。この本を読んで心が
少しほぐれたら、さあ今度は
自らどんな家族が創れるか
想像してみて下さい。正解など
ない独自の家族の風景が
そこに広がっていたら幸いです。

　　　　　内田也哉子

文化の先輩である皆様に
本書を お届けすることができない、
とてもうれしく思います。

. . . .

中野信子

我们来到这个世界上，对于由谁来做我们的家人是无从选择的。但是在与家人漫长又跌宕起伏的生活过程中，如何能把日子过得生趣盎然是可以取决于我们自身的。这本我与中野女士的对谈集里面，藏着很多能让家庭生活变得有趣的智慧和启发。如果这本书能让你会心一笑，那么接下来，就请想象一下你会怎样去经营自己的家庭生活吧。希望它能启发你展开一幅没有正解、仅属于你自己的独特的家的风景画。如果这本书能起到这样的作用，我将非常欣慰。

—— 内田也哉子

中国是日本在文化上的前辈，能将此书介绍给中国的读者，我不胜欢喜。

——中野信子

开篇　家的形式

　　不知道是谁把它立在那里的——在失去了女主人的椅子旁，立着一根丈夫曾经用过的手杖，它仿佛在说："就这样让我靠一靠吧。"

　　生前，妻子扶持了丈夫一辈子。婚后四十五年的时间里几乎都是分居，没收到过来自丈夫哪怕一分钱，还始终为他支付着各种保险和税金，甚至给他提供住所。丈夫那些不时更换的情人前来道谢，说"抱歉给您添了麻烦"，她也不会抱怨。丈夫说："作为丈夫，你一半的财产应该归我。"妻子反问道："那你给过我钱吗？"丈夫答："要是有能不给你吗？不是没有吗！"

　　分居几年后，丈夫提交了离婚申请，妻子却申请驳回。就连律师都劝她"那么惹人讨厌的人，离了算了"，她就是不点头，最终胜诉。

丈夫被逮捕过三次。第一次是因为触犯了《大麻取缔法》。他坚持称自己使用大麻已有十年，大麻完全不具有攻击性，甚至比摄入酒精还健康。第二次是因为违反了《刀枪管制法》。一家音乐事务所试图阻止他亲自策划的滚石乐队的演出，于是他持刀进了公司抗议。第三次是因为触犯了恐吓罪与私闯民宅罪。他写信威胁向他提出分手的女性，并擅自配了对方家的钥匙后闯入其中。拘留时因为衣服上贴的号码是69，正好和日语里"摇滚"一词谐音，他为此还开心了好一阵子。

而对于多次被逮捕一事，妻子只是淡淡地说："我只尽到合法夫妻的责任为止。今后该如何跟他相处，只能到时候再看了。我还是能看到他身上的那么一点很纯粹的东西。"

我们很容易感慨：这未免也太爱了吧！而且，在两人去世后的遗物中，我们发现了一张旧传真。那是妻子在丈夫73岁生日的早上发给他的。和丈夫分居多年，还记得在生日当天送上一份祝福，这是多么令人心生怜悯啊。

但是等等，这可是在丈夫的遗物中发现的啊！也就是说，那个看似无情的内田裕也，竟然一直珍藏着树木希林在六年前发给他的传真。

这对夫妻的缘分开始于1973年的夏天。相识的第二天，裕也就说"做我的妻子吧"，这就算求婚了。五十天后他们正式结为夫妻。随后仅仅在一起生活了一两个月，怀着身孕的希林就把裕也赶出了家门。

即便如此，在女儿的神社参拜等重要的纪念日，希林还是会去照相馆拍全家福。照片上的裕也有时穿西装，有时穿制服，眼神看上去就像一只被淋湿的小狗一般。女儿的婚礼，他自己的花甲寿诞，希林的紫绶褒章 [1]……到小孙子开始能够自己吃饭为

---

1 紫绶褒章，日本政府颁发的褒章之一，授予学术、艺术、运动领域中贡献卓著的人。树木希林于2008年被授予此褒章。另，此书脚注除特别说明外皆为编者注。

止，摇滚巨星裕也怎么看都是个慈祥的好爷爷。

希林貌似一位"滚圈遗孀"，可事实上她自己不就活得很摇滚吗？打破常规，"操纵"丈夫，一手打造出了自己心中的家的形式。

希林生前特别中意内田家墓地所在的寺庙，寺庙内有一棵樱花树。在寺庙四周金桂飘香的季节里，希林安静地踏上了旅途。没等到第二年的樱花盛开，裕也也随她而去了。丈夫被装进了比妻子的稍大一点的骨灰盒，静静地在她身旁安住了下来。

妻子一直坚持只留自己喜欢的东西在身边，她终生珍重的这把椅子的坐垫背面刻着 UCHIDA（内田），而手杖是丈夫晚年的爱物。

图为旧传真："祝生日快乐！平成 24 年（2012 年）11 月 17 日。近来，告别了很多老朋友和熟人。我们能活到今天，唯有感谢。多亏有你在，谢谢你。我马上要赴欧洲拍摄 FUJI FILM 新年的广告片了。"

妻子时不时会给不常见面的丈夫发个传真。在发完"能活到今天多亏有你在"这条传真后的第二年，妻子向外界公布了自己癌细胞扩散到全身的消息。

序文　被暴露在外的家人

我从很小的时候就被问起："你父亲从事什么职业？"

我总是回答："父亲是公司职员，母亲就是普通的主妇，经常待在家。"

连我自己都很好奇，一个小学生这样平静地撒着弥天大谎，到底出于怎样的心理呢？

但是那时候，就算撕裂我的嘴，我也不可能回答"父亲是摇滚歌手""母亲是演员"。年幼的我坚决否认这个事实，意志如金刚石一般坚硬。那时候我唯一的愿望就是，父母是既低调又靠谱的普通人，而我是普通人家的小孩。

这个小小的愿望最终也没能实现。父亲每一次打破社会常规，都会让我们这个家庭暴露于世。不知不觉中，我们一家人彼此间已经变成借由媒体互通有无的关系了。我们家没有"内外"，也没有秘密，所有的事情都被公之于众。晚年的父母甚至还被称为是"反戴面具夫妇"。年轻时的他们经历过如家常便饭一般头破血流的争吵，跟晚年的"好好夫妇"模范形象简直是天壤之别。什么是真实的，什么又是虚构的，到头来已经混淆不清了。

2018 年 9 月，母亲去世。半年后，父亲也离开了这个世界。对于我来说，曾经莫大的人生烦恼就这样轻易地没有了去处。我还无法消化这四十多年来的"父母困境"，就被这么孤零零地留在了这个世界上。那以后，每当我出现在公众面前，我们这个扭曲的家庭总会成为话题。这种话题说到什么程度才不至于让人厌烦呢？我时而踌躇，时而释怀，至今也没有找到满意的答案。

既然从父母在世时起，我们家就是一个"被暴露在外的家庭"，那么它作为一个标本，作为全世界数十亿个家庭中的一分子，通过例如脑科学的视角来客观分析，说不定会得到意想不到的答案，甚至能够帮助我消解长期以来的挫败感。怀着这样的私心，2020年1月，在题为"周刊文春WOMAN meets 树木希林展"的活动上，在500名听众面前，我终于得以与脑科学家中野信子进行对谈。

我与素未谋面的中野信子女士并未提前沟通过，仅仅是在上台的15分钟前，去她的休息室道了"初次见面"的问候。仅仅这一面就让我莫名坚信，我会毫无保留地道出所有。我们都是从《周刊文春WOMAN》创刊就开始连载的写作者，加上她言行中的知性以及深厚的胸怀，这些都让我倍感亲切。90分钟的对谈时间很快就结束了，编辑部的工作人员看出我们意犹未尽，提议道："接下来的部分以书面形式来呈现吧。"

通常情况下，杂志的对谈要求编辑和写手同时在场，但是这一次我恳请他们允许我们两个人单独进行对谈。好处就是可以随心之所向、天马行空地交流，话题跳脱也不必在意，进而慢慢打开彼此的心扉（能够在百忙之中独占中野女士几个小时，我也非常开心）。

尤为幸福的是，中野信子也跟我分享了她自身的家庭观。养育我们彼此的"家人"，和现在养育的"家人"，就这样具象化起来。

再不堪的家人，也是家人。

弥足珍贵的是，我们得以窥探到难得一见的人与人之间的细微连接，或者说得以俯瞰到世间的缩影。

我们的对话内容从根本上围绕着"家"这个主题，但是在谈话的过程中又枝分脉衍，不经意间已长成参天大树。

这棵大树的模样也许永远都没有正解，偶尔会被"藤蔓"缠绕。我们的上一代不也是这样一边修剪枝条，一边摸索着人与人的关系，才成长起来的吗？这样想来，如果有哪一位读者能够从本书中获得一次喘息或深呼吸的机会，也就没有枉费我们这场不分昼夜的谈话。

内田也哉子的神社参拜纪念日。希林在怀孕期间就把裕也赶出了家门，所以此时他们是分居的状态。

目 录

第一章　What is Family？！

第二章　毒亲、出轨及我们的婚姻

第七章　家的形状不规则也没关系?

第一章　What is Family？！

对谈是在 2020 年 1 月 14 日进行的，这一天正好也是她们两个人撰写专栏的《周刊文春 WOMAN》创刊一周年。对谈是内田也哉子将母亲树木希林的文字、照片、遗物等整理后与崇光美术馆联合做的名为"树木希林 人生不过游戏一场"特别展览的一个环节，报名的观众多达 513 人。而她们两人此前从未见过面。

坐在树木希林的椅子上聊聊

　　内田　初次见面。中野女士跟我在《周刊文春

WOMAN》上各自拥有连载专栏，因此才有了今天的对谈。

本来我的随笔连载大多也都是基于与某人的对谈来进行的。大多时候我会拒绝编辑同席，我更愿意单独面对谈话对象。因为如果有编辑在场，可能会在与交谈对象见面之前就获得了很多对方的信息，但我其实最喜欢毫不知情地与谈话对象见面的瞬间，这样更能获得朴素的能量。所以在今天的谈话前我们不仅没有沟通过，甚至都没见过面，是属于纯天然的会面，我非常期待。

中野 我从很久以前就对内田也哉子女士产生兴趣了。她写的那些文字很有冲击感，我们又是同龄人，更何况她这个名字本身就令人印象深刻。名字中第一个字是"也"……与其说是也哉子的审美，不如确切地说是为她起名字的人的审美给人留下了深刻印象。

内田 你是说"也哉子"的"也"是吧？因为我的母亲特别敬仰我的父亲，所以取了内田裕也的"也"，而且还一定要用在名字的第一个字上。如果从字体的重心上看，把"哉"放在前边，变成"哉也子"应该更稳妥一些。"也哉子"也常被误写成"哉也子"。

中野　原来如此。原来这里边寄托了这样的用心啊。真是美好。而且还能感受到很特别的哲学性。"也"有"成为"的意思，在句尾有时也表示"断定"和"止住"。"哉"有感叹的含义在，而它最早则带有"开始"的意思。所以，原本表示终止的"也"放在前边，后面接上表示开始的"哉"，这是不是有点"轮回"的含义呢？寓意着"结束"即"开始"。

内田　估计他们没想到这么远吧（笑）。

中野　是吗（笑）？"也哉子（yayako）"这个名字的发音也很好听，而且在大阪方言里是婴儿的意思吧。看来希林女士非常重视本真的语感，它让我思考了很多。

内田　母亲的"树木希林（Kiki Kirin）"这个艺名也很奇妙，她似乎很喜欢重叠的发音。

中野　还真是，很有乐感。所以也就理解她为什么那么喜欢作为音乐人的内田裕也了。

内田　其实母亲对于摇滚完全没有兴趣，只是因为遇到的是父亲。

中野　应该是两个人互相吸引了。

今天我们用的桌椅是他们两位中谁的呢？

内田　基本上都是母亲的，但都是别人不要了的东西。比如这把椅子应该是演员平干二朗先生的，他自己家里用了很多年，不想要了，就跟母亲说："我不要了，你要拿走吗？"然后母亲就拿走了。有时候她还会从垃圾站拉回来家具，重新上漆。

中野　电影节领回来的奖杯被她改成了台灯。作为她的爱物，刚才我在展览上看到了，简直太帅了。

内田　她几乎没什么思维定式，一般人领回来的奖杯还是会摆放出来的吧。

信天翁情侣中有三分之一都是雌同性恋

内田　今天我们谈话的题目是"家"。如果从生孩子开始定义，"家"的起始概念就是"男和女"。他们首先成为夫妻，有了孩子以后又成了父亲、母亲。所以我想先问问中野女士，从脑科学的角度看，家中的父亲和母亲本应承担什么义务呢？

中野　应该是没有义务的。

内田　回答得真干脆（笑）。那也就是说，不管是什么样的父母都是没有问题的，是吗？

中野　是的。无论社会怎么变化，只需要随机应变，就像无论在什么样的环境下孩子都能长大一样。只不过，我们在漫长的岁月中学会了所谓的"普世价值观"，所以就会带有一定的"自以为然"，经常怀疑"这个是不是不对"，然后再以某个固有的观念去对照自己是否脱轨，从而有了"是不是自己哪里错了"的感觉。但其实，无论什么形式的"父母"在生物学的领域都是成立的。

大家都知道，生孩子的时候需要 XX 染色体和 XY 染色体的结合，对吧？的确是这样。但是同性伴侣会怎样呢？我们肯定都遇到过这样的疑问。难道只有人类才有同性伴侣吗？完全不是，比如，信天翁的伴侣中有三分之一都是雌同性恋。

内田　那它们怎么繁衍后代呢？

中野　你马上就会有这样的疑问，对吧？它们只有在想繁殖后代的时候才去出轨雄鸟，完事后再回到自己"老婆"的身边。当然，其实它们都是"老婆"。等到养育宝宝的时候，就是两只雌鸟协同作业了。

内田　如果用人类的语言去定义的话，这好像很接近一夫多妻制啊。

中野　是吗？这算一夫多妻，还是一妻？

内田　一妻多夫？

中野　是吗？这是不是属于泛性恋呢？既有雌雄的伴侣，还有三分之一是雌雌的同性伴侣。这种方式能顺利维持下去也挺好，对吧。人类是不是也可以有这样的伴侣关系呢，只在想生育的时候"出轨"一下雄性（笑）。

内田　一上来就是重口味的话题啊。

树木希林的婚姻生活在生物学领域算正常吗？

中野　人类现在不是有精子库了吗？所以不用出轨雄性，用一下精子库就可以了。总之，最终抚养孩子的任务还是要靠雌性的社交圈来完成，所以我觉得这个方法说不定倒也是一件挺愉快的事。

内田　哈哈哈。如果不限于人类，扩大到整个生物界去看，我们家的形式似乎也不会被认为是"奇怪"的。但是在人类的世界里，他们总被世人认为是"另类父母"。

中野　我倒觉得挺"正常"的（笑）。你家的确用"多样性"来表述更合适，但放眼整个生物界，这样的家庭形式完全是成立的。

内田　但是从小孩子的角度去看，就会觉得"为什么我家没有父亲"，这大概是因为我们从小就被根植了普世的常识。

母亲在每年 6 月父亲节的当天一定会让我去见父亲。虽然父亲一直都没有跟我们一起生活，但即便是作为象征性的符号，母亲也还是很看重父亲的这个身份。不过从生物界的角度看，这样的形态完全是 OK 的，甚至是"正常"的。

中野　完全是 OK 的。

内田　只是视角不同罢了。

中野信子没嫁的那个男人

中野　说说我的原生家庭吧。我的父母是在我上高中的时候离婚的。好像到了我们这一代，才有了"原来还会有离婚这样的事情发生？"的意识。而我们的上一代，如果父母离婚了，估计连好一点的私立学校都进不去。那时候，"维持婚姻关系"被认为是最重要的，社会对于离异家庭存在很大的偏见。

内田　你一直对外隐瞒着父母离婚的事情？

中野　倒也不是隐瞒。我 28 岁的时候曾经有过一个想要结婚的人。

内田　不是现在的丈夫？

中野　不是。但是因为那个人跟我说了一句话，就让我放弃了跟他结婚的念头。他跟我说了什么呢？他说："你是来自破碎家庭的孩子。"

内田　欸？

中野　你觉得还可能结婚吗？我立刻觉得我选错了人。那个人出身于某著名的 K 男子高中，又毕业于国内著名的 T 大学，是典型的所谓精英男。

内田　让我们跳过这个话题吧。那你现在的丈夫是个什么样的人呢？

中野　他虽然毕业于很不错的艺大，但是他从来不会拿这些来炫耀。而且，"离异家庭就是破碎的家庭"这样的观念在他的脑子里完全不存在。

情感和感觉高于科学之上

内田　我有一个朴素的疑问：像中野女士你这样从事脑科学研究的人，是不是无论见到谁，马上就会产生"这个人的大脑原来是这样的构造"的想法？我这样想是不是很失礼？还是说对你来说科学是科学，人是人？你是否有因为情感和感觉之类而引发的别样的邂逅呢？

中野　这个问题嘛……

内田　你们会不会马上就进入分析的状态了？

中野　的确会分析。

内田　感觉我也被你分析了（笑）。

中野　其实你指出了一个很重要的问题，即关于科学的本质的问题。也就是说,你追问的是"科学"和人的"情感""感觉"之间的关系。比如,我发现某个人在跟我见面的时候,他的手轻微地抖动,而且还出了很多汗,那我就能很简单地判断出他见到我时很紧张。因为这样的状态在过往研究中已经被证明过了,这种叫做"统计事实"。科学通常是由"统计的显著差异"来证明的,除此以外的个体差异,其实还没有得到科学认证。也就是说,科学可能落后于经验认知。

而我最看中的是未被科学认证过的自身真正的"活生生"的感觉。当然,我们也会参考统计的数据,但还是觉得应该面对面去亲身感受。

内田 原来如此。那也就是说即便当下的脑科学是在不停地进步的,也只了解到几成而已,是吗?

中野 反正不是 100%。

内田 也可以理解为是无限大。

中野 对,对。因为看不到地图的全貌,所以我们正行走在哪一段,或者说我们曾经走过哪一段,它占整体的多少是无法估算的。

内田　如果跟十年前脑科学的成绩进行比较的话，能知道进步了多少吗？

中野　十年前吗？嗯……

脑科学只有二十几年的历史

内田　那是怎样的一个跨度呢？

中野　科学的进步并不是默默地循序渐进的，而是在某一个节点突然会有一个突破，随后可能又停滞了，然后过一个阶段又是一个突破。科学有着这样的一个发展过程。

内田　脑科学是比较新的科学领域吗？

中野　是的。也就二十几年的时间吧。从前很少说到"脑科学"这个词。

内田　是没听说过。

中野　以前是怎么说的来着？叫"大脑生理学"，或者"神经科学"。

内田　原来以前是这么叫的。

中野　为什么没有叫"脑科学"？因为那时候

还没有仪器能以足够高的分辨率在时间轴上观测出人们想要看到的大脑机能。当时的仪器只能观测大脑的整体反应和形状。比较迟缓的大脑整体的地图也是可以描绘出来的，但是至今没有发明出用来测量以分秒为单位的大脑活动的仪器。也因此，研究在某种意义上停滞了。1990 年代的后期，终于诞生了一种比 MRI 更具功能性的仪器，可以用来描绘以分秒为单位的大脑的活动。

内田　终于可以分析了。

中野　是的。也就是从那时候起，"脑科学"这个说法开始慢慢出现了，一直到今天。

内田　我一听到"脑科学"这几个字，马上就联想到养老孟司[1]老先生。我母亲曾经跟他一起出演过 NHK 的电视节目《惊异的小宇宙 人体 II 大脑和心》[2]。

中野　太怀念了。我很喜欢那个节目。

1　养老孟司，生于 1937 年，医学家、解剖学家。出版有超级畅销书《傻瓜的围墙》等。

2　NHK 电视台于 1993—1994 年间制作播出的大型节目。从"用大脑解开心之谜"的视角去探索大脑和心这两个人体最大的秘境。——作者注

内田　那时候我应该还在上高中，放学后常跑到后台的演员休息室，跟养老老师交谈。

中野　其实养老老师的专业并不是脑科学。

内田　是的。他是解剖学专家，跟大脑似乎没有关系。

中野　确实没关系，但是养老老师的解说特别生动幽默。我听说过一条趣闻，因为他是解剖学的专家，所以考试的时候经常会拿出人体某个部位截面的影像。有一次，拿的是大腿根部的截面图，把这个当考试题问学生："这是什么部位？"有个从没来上过课的学生回答："这是大脑吗？"

内田　应该没有褶皱吧，学生一定觉得这是个"令人遗憾的大脑"（笑）。

中野　对，令人遗憾的大脑（笑）。于是，养老老师说："你好像没来上过课。这期间你在干什么呢？"学生也很坦率地回答："我在课外补习班里打工呢。"养老老师接着说："只要有努力认真做着的事情就可以了。"然后居然还给了他那门课的学分。我当时觉得这是多么好的老师啊。

内田 真是充满了人情味的老师。他跟我母亲也特别合得来。那档节目结束后，他们还经常找机会见面交流。

中野 大概正是因为特别重视这种人情味，他们彼此才有这样的契合和共通之处。虽然演员和学者是两个完全不同的领域，但在"观察人类"这一点上一定有很多共同点。

内田 我母亲就喜欢观察人，特别是遇到有意思的人，她一定会抓来认真观察（笑）。

给从没写过书的妈妈出书的理由

中野 我看到希林的书里……（从包里取出书）

内田 你在看哪本书呢？

中野 我读了这本《一切随缘：树木希林的话》（文春新书出版）。这本不是她写的，对吧。

内田 不是。母亲生前经常笑着说："几乎所有的出版社都来找过我，但是都被我拒绝了。"

中野 太可惜了！真想读到啊。

内田　为什么都拒绝了呢，现在把这些母亲曾经说过的话罗列在一起，看起来都很在理，但她本人总说自己什么都不是，没什么了不起，说的话也没什么大不了。况且她又总觉得什么都是浪费，所以总是说，自己出书简直就是资源的浪费，纸张的浪费。

就连我开始写文章的时候，她也很生气地说："你想什么呢！""你写的东西谁会感兴趣呢，简直就是浪费资源！"

中野　啊！

内田　在刚办完葬礼的忙乱中，文艺春秋的编辑就来联系我说，想把母亲生前曾经说过的和写过的话整理出版。我记得母亲很讨厌出书这件事，所以也对编辑表示了为难。但编辑说："我完全没有强求的意思，但是希林生前曾经说过'我写过的东西说过的话请自由地二次利用'这样的话。"

中野　到底还是文艺春秋厉害呀（笑）。

内田　我也突然恍然大悟，那些话可不都是二次利用嘛。因为都是在杂志或采访中公开过的（笑）。

所以，我的想法也来了个 180 度大转弯，就答应他们了。

母亲没有经纪人，所有的联系就靠一部带传真功能的老式留言电话来完成。母亲自己录下留言："你好，这里是希林馆[1]，有事请留言，以及二次利用请自便。"随后是"滴"的一声。因为所有的事情都要亲力亲为，关于二次利用的许可，要一个一个答复的话实在太麻烦，于是她就想到了直接录音在留言电话里的办法。我也没想到葬礼刚结束他们就来联系我，现在这本书都翻译到中国和韩国去了。我常常对着天空说："这可真是不得了呢。"

中野　这本书很有意思啊。

内田　后来有更多的出版社来联系我，答应了一家也就不好意思拒绝别家了。大家都在寻找不同的角度和切入点，有以电影为中心的，以信件为主题的，也有关于和服穿搭的。大家把能想到的点挖掘出后都来找我商量，我经过思考之后回复大家"那

---

[1]　树木希林把自己经营的个人事务所取名为"希林馆"。——作者注

就请多多关照了"。不过，其中也有几本是未告知我就出版了的。

中野　是吗？看来也有趁虚而入的。

内田　因为母亲对外答应了"二次利用请便"，大概他们就这么理解了吧。我也觉得只要大家感兴趣就好。

母亲会在别人送来的东西上写下"不要"然后退还回去

中野　书里边很多地方都说到希林很惜"物"，而另一方面又说她是个不喜欢收到"物"的人，她甚至不让人们在看完她演的话剧后赠花。读到这里的时候，我想起了一个人，江户时代初期著名的人物本阿弥光悦的母亲。本阿弥光悦被誉为"全能美术家"，同时也精通陶艺、书法，还有鉴别刀剑的眼光。他的母亲叫妙秀，本家就是做刀剑鉴定的，招了上门女婿继承家业。妙秀就是个讨厌收东西的人，无论收到多贵重的和服，她都会把它们拆开做成衣领或头巾送人。

内田　欸……但收还是会收下的，是吧。

中野　不得不收的还是会收下的，不过都转做成小件的东西了。因为她说过装扮之物是有"毒"的。

内田　真像我母亲（笑）。

中野　是吧，我就觉得希林跟本阿弥妙秀特别像。你是她的独生女，也像本阿弥光悦那样具有敏锐的洞察力。

内田　我母亲是出生于战争年代的人，经历了从物资匮乏到物欲横流的时代变迁。我出生的时候她已经30多岁了，感觉她一直都在断舍离。吃的东西就是一菜一汤，糙米作为主食。至于物质上，比如剪子，大多数人家里都会有好几把，放在不同的地方吧，我家就只有一把。其他工具也都不只有一个功能，要能在很多地方都用得上。甚至我在上中学以前，都不记得母亲给我买过新衣服。

中野　不是吧！

内田　母亲的那些做演员的女性朋友们，买衣服都是应季更换着买，而母亲总是捡她们淘汰下来的旧衣服给我穿，就连 T 恤也是把袖子卷上去继续穿的，玩具更是从来都没有过。

中野　太有意思了。读者朋友们，我们现在听到的可是不得了的事啊。

内田　这种做法与其说是一种"珍惜东西"的温馨用意，不如说更多的可能也是出于"自律"和"禁欲"的考虑吧。有些关系可能需要借助互送东西来维系，收到东西后要回赠给对方，这是一种普遍的人与人之间的交流方式。但是母亲有一种浪漫主义者的想法，她会觉得"没必要那样做，人与人之间的交流越直接越好"。

中野　有意思。

内田　她说过，送来送去的很不好意思，所以自己"索性什么都不要"。

中野　原来如此。

内田　对于无论如何都要送来的人，她会写一个纸条，写上"不要"再寄回去。每当这种时候你能想象我的心情吗？紧张得心被揪了起来。

中野　嗯。

内田也哉子 1 岁。母亲树木希林给幼小的女儿做的饭也是一菜一汤，糙米主食。

内田 压岁钱也是一样。她会说"压岁钱本来就应该是硬币"。我成长在 1980 年代，正赶上泡沫经济，大家给压岁钱的时候都是把几张一千日元的纸币一把塞进红包里。一般这时候母亲都会让我把红包还给人家，所以我根本没有攒下过压岁钱。

树木希林的教育理念有脑科学方面的意义

中野　真了不起。我听着听着，脑子里只想到
"不得了"和"了不起"这些词。这个表达也许不
太合适，但从实践的角度说，这样的教育方法有助
于培养人的创造力。所以我听到这些的时候很有
感触。

内田　是吗？

中野　所以，才有了本阿弥光悦的诞生。

内田　请你告诉我，这样的人生是好的人生吗？

中野　太了不起了！真的太了不起了！曾经有
一个测试创造性的实验，比如这里有一支钢笔，检
测你在一定时间内除了书写以外还会用它做什么，
在 30 秒内你能想到几种用法。用这种方法来检测
这个人的创造力。

内田　这要是我母亲的话一定可以，她一定会
想到很多的用法。

中野　我也觉得她一定很擅长。这个测试创造
力的实验已经被用于研究领域了。锻炼人的创造力

内田也哉子7岁。她经常穿着母亲从别人那里淘汰来的旧衣服，上中学前从没买过新衣服。

现在是一个热门课题。

内田　是吗？这好像让我黑暗的过去得到了一点点安慰（笑）。

中野　希林的教育真是了不起啊！

内田　但是，太过极端了还是会留下心理创伤的。

中野　是哦。真想回到过去，告诉小时候的也哉子"这样做对于脑科学的研究是很有意义的啊！"

内田　真希望你能告诉那时的我啊。她直到临终前，哪怕是纸巾，也要用到最后才肯把盒子扔掉。穿旧了的袜子，剪开夹起来当拖把继续用，擦过地才舍得扔掉。她总挂在嘴边的话就是"所有的东西都是恩惠"。我虽然早已看惯了母亲的这种禁欲和极端的生活方式，但我自己没有受她的遗传。

中野　我特别理解你（笑）。

为什么和与父亲完全相反的人结婚

内田　人会不会因为父母做了让自己觉得厌恶

的事，就能学着规避他们的做法，有这样的情况吗？

中野 这个应该属于心理学的范畴。实际上，人越是被告诫不应该做的事越会想要去做，这是一种心理现象。比如说减肥吧，想着要减肥，潜意识里也告诉自己不要吃，但是你会有食欲，也知道什么东西好吃。很多时候意志力会输掉，即使一时胜了随后也会输掉。你越是想着"不行，不行"，越是会被那些高卡路里的食物吸引。这一点也是经实验证实过的。

还有，看到自己的父亲会想"我可不要跟这样的男人结婚"，但实际上，跟这样的人结婚的可能性很大。即使结婚的时候觉得不一样，但是一起开始生活了就会发现，怎么还是一模一样。不过你倒是应该克服这一点了吧。

内田 我刚刚也想了一下，我可能并没有那么抗拒我的父亲。因为本身我就没有跟他在一起生活过。终其一生，我跟他见面的时间加起来估计也就几十个小时而已。所以，父亲对于我来说一直是很神秘的存在。我可能依稀意识到父亲这样的人很让人厌恶，但也没讨厌到坚决不跟这样的人结婚的地步，因为我真的不太了解他。也因此，我才能找到一个跟父亲完全相反的人吧。而且这个人还是父亲介绍给我的。

中野　是吗？真是不可思议的缘分啊。

因为大家相信所以存在

内田　日语中，"缘"这个词是很独特的表达。你相信这种玄学吗？

中野　这的确是比较东方的想法。说起来，我应该属于信奉科学的人。活在以科学为基础的世界里的人通常有两类：一类认为"精神层面唯心的东西是不存在的"，对此持完全否定的态度；还有一类就是"科学解释不清楚的东西或许还没有被证实，既不能说有也不能说没有"。从理论上看后者是正确的，我也希望自己的态度属于后者。

"缘"这个东西也许有也许没有，科学对此的认识尚不明确。但既然大家都说有，那要么就是因为它真的存在，要么就是因为人就爱把这种东西当作真的存在吧。

世间万物以物理形式存在，人的认知构建在其之上。也就是说，只要大家都认为存在的事物就基本上等同于真的存在。所谓的"人气""景气"，带"气"的很多都是这样，大家都相信所以存在。

内田 眼睛看不到的东西。

中野 是的。股价也是眼睛看不到的，但是如果有一定数量的投资人认为"这只股不错"，它就可能涨价。

内田 不如说不用语言的传达在人与人之间起的作用反而更大，是吧。

中野 的确。

内田 我今天也深有同感。

中野 啊？这可怎么办？是不是被我阴暗的一面笼罩了（笑）？

内田 不是不是（笑）。刚才这些话，都很有意思，寓意深刻。

味道和声音能让人分泌快感物质

　　中野　说到非语言的信息传达，借助"嗅觉器官"来传达是有效的方式之一。用肉眼当然也可以看出对方的态度，不过有研究证明马通过嗅觉能判断出与对方是否情投意合。

　　内田　即使第一眼不合眼缘？

　　中野　对，还有就是音调。

　　内田　也包括声音的振动？

　　中野　是的。

　　内田　真有意思，越了解越有意思。

　　中野　的确很不可思议。在脑科学的层面上，比如我们虽然是在漫无目的地听着音乐，但同时大脑会分泌出一种叫"类阿片"的"脑内麻药"。

　　内田　原来如此。

　　中野　也就是分泌出一种"快感物质"。某宗教领袖曾经说过"音乐是麻药"以试图否定音乐，但是从某种意义上来说这种说法是对的。

　　我曾经听研究东洋音乐的老师说过，在伊斯兰文化圈里"乐师"的社会地位是很低的。对此他们是这样解释的：过度带给人快感被认为是没有品格的事情。极端地说，这和性感的表现一样。在他们的社会里似乎有一种倾向，那些带给人"简单快感"的人的地位会很低。那所谓地位高的又是什么样的人呢？

是诗人。

内田 为什么呢？

中野 语言被认为是高尚的，它能诱发人思考。他们认为语言的力量可以影响和改变更多人的人生。不过这只是我道听途说来的，还有待向研究伊斯兰文化的专家请教和证实。

内田 原来诗这种最小的文艺形式在他们看来是最崇高的。

中野 另外，诗人们大多都拥有很好听的声音。声音的力量也是很了不起呢。

内田 那也是对声音的一种享受。

中野 是的。在他们看来，同样是享受声音，但音乐和诗歌是被严格区分开的。举一个我们身边的例子的话，就是漫画和格调很高的书之间的差别吧，虽然这样说可能很对不起漫画书。

血缘很重要吗？

内田　我有三个孩子。我常常会想，我们这个社会对"血缘"还是很执着的，但我也相信那并不是事物的本质。包括对于自己的父母所产生的各种反抗心理在内，那些应该都是一种想从"血缘"中解脱的愿望。

那么，聚焦在家庭中的"亲子关系"上的时候，对于"血缘"以及"从出生开始就生活在一起的时间"，也许用价值去衡量这些东西会显得有些奇怪，但我想知道它们在我们的大脑中又是如何运作的呢？

中野　这些内容足够说上五六个小时。很多学者也在为同样的问题而苦恼，做了很多实验呢。

内田　还未得到破解吗？

中野　在某种程度上我能提供一些建议，估计也是你想要的答案。我刚刚一直在想……

内田　能给我想要的答案吗（笑）？

中野　比如，有一个针对老鼠抗压性的实验。一个高架式的通道，将一部分的底板做成透明的，可以看到下边的地面，一般情况下老鼠在通过这个通道的时候都会很恐惧，不会去取放在通道对面的食物。但也有不惧怕透明底板的老鼠，这时候食物的魅力就胜出了。不管是不是透明的底板，它们都会刺溜刺溜地跑过去取食物。针对不同抗压能力的来源，我们做了一系列的实验。

老鼠这种动物通常会舔捋着抚养孩子，有的妈妈会舔捋得很认真，而有的妈妈并非如此。被舔捋着长大的小鼠更容易穿过透明地面去取食，那么这是因为经常舔捋孩子的母亲其本身就有高抗压性，从而将这个特性传递给了孩子呢，还是说仅仅是舔捋行为本身在起作用呢？

为了调查这个，我们还进行了"巢穴调换"的实验。把经常被妈妈舔捋的小鼠放到从不舔捋孩子的妈妈的巢穴里，反之亦然，看看生母和养母哪个对于孩子的成长更具有影响力。结果如何你猜猜看？

内田　应该是养母吧？我觉得跟孩子的接触还是很重要的。

中野　没错。这个实验充分证明了养母对于孩子的影响更重要，经常被舔捋的孩子抗压性更高。

内田　是吗？

中野　打开头颅检查后——虽然有点残忍……

内田　我刚才就在想小鼠真是可怜。

中野　真对不起小鼠。开颅一看，发现它们大脑中感受恐怖的海马体和它们的扁桃体，被养母舔捋了两个月后发生了明显变化。也就是说，接触的时间以及养育的经历，都会让大脑发生变化。遗传基因不能决定一切，生活在一起是会产生很大影响的。我们的实验证实了这一点。

知性来自母亲，感性来自父亲

内田　太好了，这是我想听到的回答（笑）。但刚才我也提到，其实我跟父亲一起生活的时间几乎没有，即便如此，偶尔跟父亲见面的时候还是会感到我和他在某些瞬间有着惊人的相似。这是不是就是遗传基因的作用呢？

中野　当然有关系。从父亲那里继承的和从母亲那里继承的，在遗传基因上会略有不同，知性多半来自母亲。

内田　是吗？无论是男孩子还是女孩子？

中野　对。可能多少会受到荷尔蒙的影响，但是掌管知性的大脑皮层主要还是来自母体。

内田　知性来自母亲啊……然后呢？

中野　内脏以及身体其他的部分都来自父亲。

内田　哦，是吗？很复杂的心情（笑）。

中野　还有就是，感性的部分被发现是来自雄性的遗传基因。

内田　原来如此啊。

中野　但是我刚刚略有怀疑，感觉你并不像你父亲那样是一个很容易情绪激动的人啊。

内田　其实隐藏着呢（笑）。

中野　啊？隐藏着吗？你控制得很好啊。

内田　是啊。我们几乎不见面，多数时候觉得他很讨厌，但是小时候我也会偶尔问母亲"父亲在干什么呢？"然后母亲就会说："你还是很在意他的嘛，到底是父女呀。"然而我完全看不出母亲有想到父亲的时候，于是我就觉得，这是因为夫妻没有血缘关系的缘故吧。

所以，有时候跟母亲吵架，我就会说："你们没有血缘关系，所以爸爸被抓走或者做了什么傻事，你都无动于衷。可我因为继承了这样的一个父亲的DNA，越想越觉得充满了罪恶感。"但这可能也有自己的大脑在说给自己听的成分在。

中野 一定有自我洗脑的成分在。"自己"这个概念是很生物学的，很多国家的人都有"自己是遗传基因的产物"这个认知。

虽然现在它已经是理所当然的了，但DNA遗传实际上是近几十年来才诞生的说法。

我认为认识到遗传"其实并不普通"是很重要的。科学并不能支配一切，从科学的角度去看也许是这样，而事实上还可以有其他的视角，我们也应该有这样的认知。

内田裕也被母亲带去看过脑科医生

内田 我们先把话题跳跃一下。我经常听父亲在喝了酒之后讲，他小时候如果有想要的东西又得不到，他就会躺在地上一边打滚儿一边大哭大闹，青春期的时候甚至经常在外边打架，让我奶奶非常头痛。因为他是四个兄弟姐妹中最小的一个，我奶奶40岁才生了他，所以对他特别溺爱。

但是后来实在管不了了，就把他带到脑科医院。"他们让我看罗夏的画，然后问我看到了什么。你能理解我当时的心情吗？"[1]

中野 原来是这样啊。不过现在已经不怎么用这个测验了。

内田 我想他的母亲应该是在走投无路的情况下，希望对他进行诊断后得出一个病名吧。

中野 原来如此。

---

1 赫尔曼·罗夏（1884—1922），瑞士精神医学专家，创立了"罗夏墨迹测验"：出示墨迹构成的对称图形，通过测试者的回答判断其人格。——作者注

内田　大概对人类来说虽然这个世界大都是未知的，但还是会因为一直对某些具体事物未知而抱有恐惧之感啊。

中野　你父亲的病，放在现在可能已经有病名了。

内田　有了病名就会感到松了一口气。人都会有这样的心境。

中野　是一种尘埃落定的轻松感。

本木雅弘与内田裕也的不同

这场谈话的最后，由《周刊文春 WOMAN》的主编来做主持，请前来参加活动的观众对两位嘉宾进行了现场提问。两位也就大家提出的关于"家人""夫妻关系"等坦率的问题毫无保留地进行了回答。最后，我们从今天参加活动的观众中事先募集了问题来请两位回答。首先是笔名叫"酱吉"的问题。

"想向内田老师提问：对于家人来说，'第三者'

和'外遇'意味着什么？与这两个词有亲和性的内田裕也，以及与之相距甚远的本木雅弘，他们之间的差异到底是什么呢？下一个是向中野老师提的问题：只能做情人的人，和为人妻为人母（或为人夫为人父）的人之间，其分界线是什么呢？"

内田　父亲与外遇、第三者这两个词有亲和性这个说法我还是第一次听说，还挺恰当（笑）。我还真就这件事思考过，也曾经问过我先生："作为一个男性，作为一个人，你觉得你跟我父亲的区别在哪里呢？"

他说，他就好比在操纵一辆战车，一边被这个铁皮家伙保护着，一边看起来谦卑地说"不用管我，请让我过一下"，实际上已经把周围践踏得一塌糊涂了。他在现实生活中也不善于与人沟通，朋友很少，工作一结束就会立刻回家，一有时间就会立刻飞去伦敦。

中野　他想象出了一个战场。

内田　他是把人生比作战场了。而父亲的情况是，手无寸铁，只握着一个扩音器，大声喊着："喂，你们都听我说！我说的有错吗？"他总跟人打架，然后留下痛苦的记忆。但有时他也会对别人提出的意见表示出"有点意思啊"的态度。结果是，他能获得很多人的同情。他们的区别也许就在这里吧，这应该也通用于男女之间的关系上。我先生是这么说的。你觉得呢？

中野　本木先生的比喻真棒！有一种叫 AVPR 的荷尔蒙受体，俗称"外遇基因"。可见在 DNA 层面仅一字之差[1]，表现就会完全不同。

内田　那也就是说本木和裕也的 DNA 仅一字之差？

中野　很有可能（笑）。也许关于"外遇"，这就是不同的关键。仅一字之差的不同，表现出来就是"专注地爱一个人"还是"广而浅地爱很多人"的差别。

内田　哇！你说得太对了。

1　此处"一字之差"是指基因片段的区别。

中野 广而浅地爱很多人，粗略地说就是外遇基因在起作用。

内田 我听你这么一说真觉得有些不可思议。我母亲虽然结过两次婚，但她其实很专一，一直都专注地珍视着父亲。但父亲总想着广而浅地跟更多的人交往。对这样的父亲，母亲从没有表现出嫉妒，在她身上也完全看不出任何不适，因此这样的一对男女才能够成为夫妻吧。

中野 是啊，他们内心的想法我们就不得而知了。

内田 只要他们自己觉得合适就行。

中野 说到底就是这个意思。其实女性也是有这个基因的。有种说法就是，广而浅型的 AVPR，如果体现在男人身上是"离婚基因"，如果体现在女人身上是"外遇基因"。其中的不同在于：男人一旦外遇暴露，很快就会选择跟原配分开，女人可能会更好地掌控事态并从中有所获。

内田 原来是这样。

中野 也就是说，既有"贤良淑德"的基因，也有"喜欢外遇"的基因。这位读者朋友，你的问题中提到"只能做情人的人"和"为人妻为人母（或为人夫为人父）的人"，这是认为"第三者等于恶"了。当然这也许是世间普遍的价值观。但实际上据推测，贤良淑德型和喜欢外遇型的人数比例几乎是五五开。也就是说，（大概在日本）不适合一夫一妻制婚姻生活的人占到了人口总数的一半。我在文春新书《不伦》中有比较详细的表述，请您阅读（笑）。

坚定不移且从不感冒的丈夫

下一个问题是来自笔名"叶子木头"的。

"你们对自己的伴侣比较佩服和满怀敬意的地方是什么？"

中野　我想这正是跟我先生结婚的初衷。因为他是一个在感情表现上毫不动摇的人，无论发生什么都毫不动摇，这种个性让我敬佩和欣赏。我就觉得无论我怎么动摇，他都能保持冷静稳稳地在那里。

我很敬佩他那种能够给人安全感的点。

内田 真好，在这一点上我可能也有同感。

中野 真的吗？

内田 我自己说好听点是属于很感性的那种人，情感的起伏也比较激烈。我先生是属于忍耐力很强的那种，还有就是他从来不说抱怨的话。

中野 啊！我先生也一样。

内田 所以，反而很让人担心，还不如小小地吐露哪怕是一点点也好。本木常挂在嘴边的话就是"没用的话说它干什么？"但是假如有一天真的开始说了，会不会一直说个不停，那太可怕了（笑）。在这点上他跟我母亲有很多相似的地方，他们会认为对于说和做都没用的事，就默默地自己处理就好了，还有一点就是他们都很少感冒。

中野 嚯！真厉害，看来都是很谨慎的人。

内田 他们说感冒是可以靠斗志战胜的，所以每次我感冒的时候就会不屑地看着我（笑）。

中野 哈哈。

内田 还是因为工作的关系吧。因为如果自己因病不能出现在拍摄现场的话，那么所有工作人员当天的工作就无法完成了，所以他从小就训练自己，遇到重要事情的时候绝对不能感冒发烧。还有，如果不能让脸上出汗，还要靠意念止汗。

中野　真了不起。

内田　我的回答是不是很无聊啊。

中野　没有，本木先生真了不起。

内田　说到底还是因为自己不具备这些品质，所以会对他产生敬佩之心。

中野　是的。

内田　中野女士你也是属于情感很丰富的那种人吗，会表现出来吗？

中野　会的，我是很外露的那种。

内田　那你们会吵架吗？

中野　与其说是夫妻吵架，倒不如说是我一个人在那儿生气，吵不起来架（笑）。

跟丈夫意见不同是理所当然的

关于丈夫的问题还有一个提问,是来自名叫"明日香"的问题。

"不赞同丈夫的意见或想法时,什么样的场合或内容会让你觉得可以以家人的身份跟他表达自己的意见呢?又是什么样的场合你会选择站在旁人的角度视而不见?"

内田 关于这个问题,我想起了母亲的教诲,说是教诲,准确地说是我观察到的她的做法。那就是,一旦结了婚就不要对对方有任何要求,包括家务。母亲曾经跟我说:"这些都是你自己想做的,这样想的话你就会很轻松。"母亲这样说的缘由我想是因为父亲一分钱都不曾往家里拿过,完全没有行使过作为父亲的职责。但母亲说:"本来也没期待过,所以无所谓。"母亲真能忍啊。

正因如此,当我有了"他为什么不能这样做?"的情绪时,我也尽量马上调整自己的心态:"不要这样。不期待！不期待！"那么中野女士你呢？

中野　我呢，虽说结了婚，但我还是觉得应该各自保持独立。所以如果有不同意见或者出现分歧，我觉得是理所当然的。本来就是两个毫无任何关系的人，思考的出发点不可能一致。

内田　没错。

中野　所以有时候一冲动，也会有"为什么你不理解我呢？"这样的想法，但冷静下来再一想，也是没办法的事，那就保持各自喜欢的方式吧。

算是跟初恋结婚了

内田　我先生跟我是完全相反的性格。兴趣爱好也不一样，哪哪儿都不一样。最初见到他的时候我才15岁，几乎就算是跟初恋结婚了……听上去好像很像古代吧（笑）。我曾经总是幻想着凡事能跟他有所共鸣，能一起做点共同爱好的事，但随着结婚生活的时间的推移，他教给我："人不正是因为彼此有所不同才有意思吗！"对于他来说，如果什么都一样就不会有新的发现了，但我想拥有共鸣然后一起分享。这中间我们经历过几次冲突，虽然会留下一丝寂寞，反过来想也的确如此，也就慢慢理解了"因为不同所以有趣"。

中野　如果完全一样，那一个人不是也很好吗？

内田　就是啊。我也是慢慢转变过来的，但有时还是会感情用事。这样回答可以吗？

来自谷川俊太郎的诗集

内田　最后请允许我的擅自总结。为了给本次谈话增加点余韵，今天我想给大家朗读摘自谷川俊太郎的诗集《年轮蛋糕》（七六社出版）中以家人为主题的三首诗。[1]

家人

哥哥说我讨厌爸爸

1　本书中关于谷川俊太郎的诗作均由译者译出，后不再赘述。

妹妹说我讨厌妈妈
弟弟说我喜欢大家

爸爸常说为了大家
可一个月才回来一次
妈妈说爸爸谁都不爱

我觉得不是这样
即使已经不爱妈妈了
爸爸还是爱他的孩子们的

傍晚姐姐在做咖喱饭
妈妈还没回来
哥哥面无表情地发着短信

我想这就是活着的象征吧
狮子呀蝴蝶呀松树呀海蜇呀
大家都是活灵活现的

妈妈的女儿

我是妈妈的女儿

也就是外婆的外孙女

在姐姐看来的妹妹

我还不是我自己

我会慢慢地变成我

每天每天一点点地

在妈妈知道的我的深处

有个妈妈不知道的我住在那里

我在那里仅仅是一个生物

不明不白地活着

有时呻吟有时歌唱

抱着不会说话的灵魂

虽然有人说我们很像

但我跟妈妈不是一种人

然而也许有一天我会成为妈妈

一个跟我很像的女儿的妈妈

每一天

不知不觉地

昨天不知去了哪里

虽然今天来了

但是不知道它来自哪里

今天能在这里待到何时呢

还是会在睡着的时候去哪里

等多久都不会回来呢

挂历上的每一天

变成数字排列在上边

但是每一天每一天都不一样

妈妈走了爸爸一个人哭泣的日子

那一天哪里都没去

永远停留在了今天

即使明天来了后天来了

第二章　毒亲[1]、出轨及我们的婚姻

在第一章中因这场对谈活动而相识的两人一见如故，非常投缘，于是在三周后我们开启了第二场对谈。2020 年 2 月初，地点在内田也哉子家附近的咖啡馆。她们拒绝了编辑的同席，两个人就"我是有黑洞的人"和"也许分开能让双方都轻松"等话题，展开了一对一的思想冲撞。

1　毒亲，指对孩子有害的家长，放弃育儿、对孩子施加暴力或恶言相待、过度干涉支配子女的人生等等，都是"毒亲"的表现。

《真的吗?! TV》节目出道

内田 上一次我们讲到,从整个生物界来看内田裕也和树木希林的夫妻关系是很正常的,你也告诉我希林的育儿术从脑科学领域看也是有意义的。托你的福,这些化解了我跟父母多年来的隔阂。

中野 我很高兴能帮到你。

内田 是不是经常会有人找你咨询?

中野 嗯,的确常常有人向我咨询。

内田 今天我想听听你的故事。最近几乎每天都能在电视上看到你,你开始出镜的契机是什么呢?

中野 我在法国国立研究所高磁场 MRI 研究中心做了两年博士后研究员。然后在三十几岁的时候回到了日本,没有工作,也没有什么技能。

内田 在我看来你浑身都是技能啊。

中野 其实研究员能做的工作是很有限的。随后我开始做科普工作,这时候有人劝我写书,我就写了。书出来以后,《真的吗?! TV》就找到了我,希望我上他们的节目,那是 2012 年的事。

内田　是吗？我就是看了那档节目才知道你的,觉得非常有意思,没想到那原来是你的电视首秀。

潜水是让自己独处的必要时间

内田　平时休息的时候你会做什么呢?

中野　我喜欢潜水……

内田　噢？很意外啊。

中野　六年前我在冲绳第一次体验了潜水,现在只要有三天以上的休息时间我就会去。还有比如墨西哥的坎昆,只要见识过那里的水下有多美,没有人会不想去。另外,同是位于墨西哥的萨卡通地下水系也是奇美的地方,那里的地下洞窟因留存了经石灰岩过滤过的水,所以清澈见底,透明度能达到上百米。你看,是不是很透明,就好像什么都没

1　富士电视台播放的一档由明石家秋刀鱼主持的信息类娱乐节目。——作者注

有一样。下边看到的像云彩一样的是硫化氢层（给内田展示手机里的图片）。

　　内田　太梦幻了。

　　中野　冲绳的海当然也很美，我常去的是宫古岛。

　　内田　你知道吗，本木的父亲一直在埼玉县种大米，他唯一的爱好就是潜水。虽然因为不放心稻田，不能离家太久，但也常去，他潜水的地方是石垣岛。他都已经年过八旬了，但还是常常一个人去潜水。

　　中野　石垣岛的海里能看到魔鬼鱼，还有人专门去看植物吐出的泡沫，那是它们在光合作用下释放出的氧气，那个泡泡很漂亮。

　　内田　中野女士你喜欢生物吗？

　　中野　不讨厌，尤其是它们捕食的时候，还是很喜欢的。

　　内田　捕食的时候？

　　中野　捕食虾或者海星，还有海葵捕捉海蜇的时候……

内田 ……

中野 会让我觉得，啊，这就是活着啊！

内田 原来如此。去潜水的时候你先生也会一起吗？

中野 我先生跟我去过一次，但是他流了鼻血。

内田 唉！那就不能潜了。

中野 因为我很需要一个人独处的时间，所以会一个人去海里，然后再元气满满地回来。

不合群的童年时期

内田 我记得你好像说过小时候一直有种"异化"的感觉，甚至还曾经怀疑自己的大脑有问题。

中野 我对于"异化"最早的记忆是五岁的时候被幼儿园的小伙伴说"很奇怪"。至于因为什么我不太记得了，但一直都有一种自己不合群的感觉。

内田 是不是因为你的脑子转得太快了，别的孩子跟不上？

中野 我自己也不清楚，小学一直都是这样

过来的。上中学以后，有一次被老师叫到教研室，他跟我说"你平时还是多看看电视吧"，可能是想让我增加一些日常的感觉吧。

内田　我从一岁半就上了国际学校，在那里大家肤色不同，各家吃的饭不同，兴趣也不同，有的人看电视，有的人不看。千差万别是理所当然的。

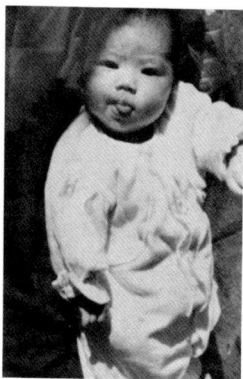

刚满几个月的中野信子，在幼儿园开始集体生活时却成了一个不合群的孩子。

但是六年级的时候我转到了公立小学，在那里大家都是一样的，毛发颜色不同的人会感到被孤立。所以对于这样的学校氛围我还是有些不解的。

中野　比如，在学校里不是常说要"团结一致"吗？我当时就想为什么非要团结一致呢？不能跟大家保持团结一致的我，学习成绩再好也是落伍者，因为大环境就是以这样的评价为标准的。

跟不上"好人"的队列

内田 这对于一个孩子来说真是挺残酷的。

中野 的确。而且我家的情况是，就算我跟父母说，他们也会觉得"都是因为你不好"。我父母都是"信仰型"人格，相对于个人主张，更看中大家抱团，属于老好人的那种。而我不擅长抱团。报考中学时，我一直犹豫于是要进"不合群"的落伍者的公立学校，还是作为特等生进初高中连读的私立学校。

内田 是吗？那最终选了哪里呢？

中野 我看上的那所私立学校教育水平很高，只要初高中成绩优异，考上东京大学完全没有问题，所以我就去了那里。那里的学生都很纯粹，都是好孩子。

内田 交到朋友了吗？

中野 一直交往到现在的没有几个。

内田 我学生时代的朋友，现在还很频繁见面的也是几乎没有了，不知道为什么好像我被大家疏远了。

中野　哦？为什么呢？

内田　我觉得是因为我很早就结婚了，我和她们之间行动的轨迹发生了变化。真是很寂寞无奈的事（笑）。

中野　这样啊。当年看到你结婚的时候，我也想过十九岁结婚是什么样的感受。

内田　我们应该是同级吧？

中野　我还记得当时在电视上看到本木雅弘先生在记者见面会上很乖地说："我决定跟内田也哉子小姐结婚。"

内田　就那么懵懵懂懂地结了婚。一晃，马上就要银婚了。

中野　才四十几岁就银婚了，真棒！

内田　我十九岁就结婚了，婚后跟我先生在一起生活的年数比我从出生到结婚的年数还要长呢。所以我们的关系现在已经变得像空气一样，但有时又觉得对他还有很多不了解的地方。

中野　说到"不了解的地方"，他在大河剧《麒

中野信子 7 岁时的七五三礼，这个时候她已经开始被"异化"所困扰了。

麟来了》中扮演美浓的蝮蛇"斋藤道三",那个妖
怪演得简直是太棒了。

内田　谢谢。

如果可以选择父母,宁可选"吵架不断的父母"也不要"没有交流的父母"

中野　我正在写一本关于"毒亲"的书。(《毒亲》已作为白杨新书系列于 2020 年 3 月出版)

内田　呀! 我很感兴趣呢。我父母从某种意义上也是一种毒亲(笑)。

中野　你在你父亲葬礼上说的那句"Don't rest in peace!(不要安息)"深深刺痛了我。

内田　啊,不好意思。

中野　对于当时还是孩了的我来说,父亲就是很可怕的存在,我根本不知道如何跟他交流。我父母的关系很差,从我记事开始我们家就已经没有对话了,连"早安"这样的招呼都没有。所以当我去朋友家玩儿的时候,看到她们的父母在聊天,我吃

惊极了。尤其是当知道了这才是正常的生活状态时，我更受刺激了。

内田　那可真是太痛苦了。我父母从刚结婚开始就是每天吵架，据说甚至打到流血的程度。到我出生时他们已经分居了，但又永远都不离婚。我当时特别厌恶他们的这种关系，离了婚大家不是就万事太平了吗？

也许这样假设不太合适，如果让我选"同一屋檐下却毫无交流的父母"还是"一见面就打架的父母"，我可能还是会选打架的父母，因为打架从某种意义上说其实是放不下对方的体现。

中野　我也会选择打架的父母。我的父母虽然生活在一起，但就像看不见彼此一样。

内田　他们两个人也一定感受到了空气中那种凝重的氛围。

作为伦理观的贞操观只有 150 年的历史

中野　上一次我们聊到了与 AVP 受体有关的

内田也哉子 12 岁。这是一张小学毕业纪念照。

外遇基因以及离婚基因的话题，说到DNA仅一字之差，就会出现是"广而浅地爱很多人"还是"深而专地对一个人"的差别。

内田　我觉得我父亲一定拥有外遇型AVP的受体，是属于能爱很多人的那种。

中野　我家的情况应该是，我母亲潜意识里能爱很多人，很容易迷恋别人的那种（笑）。

结果就是我上高三的时候，她真的离家出走后就再也没回来过。

内田　啊！听起来很刺激啊。在日本社会，多情的女性往往不被认可。

中野　就是啊！《源氏物语》里明明有那么多"轻浮"的女性，把整个故事渲染得如此热闹。胧月夜就是一位多情又善于出轨的女子，还有女官源典侍，虽然年事已高，但生命力依然旺盛。

内田　看来贞操观是近代以后才慢慢被灌输给我们的观念。

中野　应该是这样的。明治维新以后有一股很强烈的追赶欧美的架势，贞操观念当然也要向欧美看齐。所以如果说现在的伦理观是在那个时期形成的话，那也才 150 年而已。而本来人类的性的存在方式应该是更多样化的。

内田　上一次我们还谈到信天翁中有三分之一都是雌同性恋，为了繁衍子孙后代才会去找雄鸟交配，所以看来动物界还更多样化呢。

中野　回到我们人类社会。在法国有近 60% 的非婚生子，也就是说，结婚和生育并非是必须绑定的。

内田　"结婚"这一社会概念与个人的性行为在很大程度上差异很大。

中野　因为性行为有很多形式，很难创造一个定式。正好处于一夫一妻制中的人没问题，但不代表其他人也适用。

内田　再比如挺难过的一件事，就是演员东出昌大出轨后他随即变成了罪恶之源，我其实对他抱有同情。其实我一直都很喜欢他的风格，但是我一说到这个就会遭到所有女性朋友的批判。

中野　我倒是觉得在《周刊文春》的外遇新闻

出来之后，他反而变得更性感了，还在心里默默地想："这家伙作为演员更有魅力，更吸引人了。"

内田 为什么同样是外遇，有人就被原谅而有人就不被原谅呢？

中野 我觉得跟这个人的人设有关吧。

内田 是啊。如果大家期待的是一个老实的人，结果事与愿违，就会感觉被欺骗了，不能原谅，但这其实是很一厢情愿的想法。

中野 当梅泽富美男[1]对媒体说"我出轨了"的时候，大家只会觉得"那不就是很平常的事吗？"

内田 如果梅泽说他每天都能按时回家，大家反而会觉得奇怪吧（笑）。如果东出一开始也把自己打造成一个无房可塌的人设，也不至于变成这样唏嘘的结果。他只要说"对不起！我有着不能只爱一个人的遗传基因……"大家也就不那么意外了。

中野 的确如此。如果一开始就说"我可能会

---

1 梅泽富美男，1950年出生，日本演员、歌手，大众演剧"梅泽剧团"第三代团长。上节目时曾自曝出轨经历，称自己大概出轨过60到80次左右。

出轨，但是也会对你很好"，然后把决定权给她。能理解和接受就结婚，不能接受的话，就不要结婚了。

内田 完全不在乎这些就结婚的人，说的就是我母亲（笑）。

抨击外遇是生物蚂蚁效应的体现

中野 一旦遇到这种出轨的报道，大家就会抨击关于这个人的所有的事，甚至包括他的演技。

内田 这是不是也是一种类似"集体心理"的心态呢？

中野 可以说是像"同调压力"那样的吧。

内田 "同调"对于活在同一个世界中的人是不是很重要呢？

中野 是的。在调查某种生物时会发现这样的现象：第一种是孤独自我地生存着，第二种是有一个小集体，第三种是有一个大集体。而第三种有一个大集体的生物是相对活得长久的，这叫做"蚂蚁效应"，它可以说是所有生物的生存原则。

其实人类是最属于这一类的生物。人从外表看上去很柔弱，容易被其他动物捕食，跑起来也慢，肌肉比起其他哺乳动物也少很多，因此要想生存下去，可能只有集体的力量才是最好的武器。于是就形成了这样一种"不突出自己的主张而优先大家的想法"的组织结构。

内田　我们人类为了自身的生存，有时候也会对集体里的某个人进行攻击，这种构造其实是挺过分的。

中野　觉得很过分是吧？但如果我们觉得这也是为了生存而采取的必要行动的话。本来应该认为这种行为"做得好！"事实上我们却反过来觉得"太过分了"，所以这种心理活动还是很有意思的。

是时候从"同调压力"游戏中获得自由了

内田　但是想想看，如果有个人站出来发出一声与大家相反的声音："大家都这么攻击他，太过分了！"那这个人是不是会有某种优越感呢？我自认为我的性格里也有这样的地方。

中野　有可能。首先，我们生活在一个大的集体中，在那里我们会觉得容易生存。但是不是在大的集体中每个人都能公平地生存呢？事实又并非如此。集体里还是有等级之分的，会分成"有主张的人"和"顺从的人"，而整个社会结构就是让顺从的人生活得舒服。

内田　因为那样最轻松啊。

中野　是的。大脑会很轻松，所以就能感到舒适。但是当"顺从的人"一方突然有个人发现自己得到的很少，于是决定投奔到"有决定权的一侧"去的时候，当这个曾经顺从但想向上看的人大声地喊出"为什么要跟着别人起哄，太脏了"的时候，他很有可能就变成了"发表意见一侧的人"。其实我们的社会结构就是同时拥有这样两方阵营的"共同体构造"。

内田　这也都是为了传宗接代而为的吧。人类！真是难为情啊！

中野 有趣吧。

内田 原来人类一直以来好像都在做着一个如何生存并延续下去的游戏。

中野 其实大家都希望从这种游戏中脱身，变得更自由。

曾经因为太幸福而离婚的希林为何会痴迷于一片狼藉的裕也

中野 话说你在回忆希林的书中曾经提到过她的"黑洞"，我读后颇能理解她的所作所为了。

内田 我母亲结过两次婚。第一次是因为太过幸福了，幸福得让她无法呼吸所以选择了离婚。之后，她一度甚至找不到活着的方向和意义，完全陷入了令人窒息的"黑洞"。也就是在那个时候她遇到了吊儿郎当看上去一片狼藉的裕也，母亲被这个人牵制着，但也正因为如此，才让她暂且忘掉了那个曾令她窒息的黑洞。我是这样认为的。

中野 我与你颇有同感。我的黑洞甚至就是活着本身，不知道该怎么用语言表达。

内田　其实我也是。虽然看上去每天都好像在各种建设性地忙碌着，但是每个月都会有那么一次在脑海中想"这样做有什么意义呢"。我猜想母亲曾经会不会觉得幸福是很表面的东西。虽然我们知道对延续生命友好的生活环境是安安稳稳，不吵架、不挥舞菜刀、不摔盘子的，但可能人类的大脑中偏偏被编入了想要破坏它的程序。

中野　一定是被编入了。关于这个，我曾经跟一位经济学领域的老师讨论过，"人类明明知道和平是最好的，但为什么不朝着这个方向去努力呢？"也就是在那时候我意识到也许和平的状态也是文明止步不前的时候。

内田　也就是说战争多的时候反而是文明发展的时候了？

中野　这个观点有人赞有人否，但是从历史来看，军事技术不正是这样发展起来的吗？

内田裕也的战争与和平

内田 是的是的。因为人们要为怎么才能夺取对方的阵地而不断地进行探索。

外界都说我父亲只会说"我是摇滚人",但其实"peace"也是他常挂在嘴边的口头语。尽管他的日常生活每天都是战争(笑)。据我母亲说,和他打架的对手以及他自己的那种一点就着的昂扬的斗志,包括能预测出对手下一招出什么的快感都是他最喜欢的。

中野 那种感觉我特别能理解。

原本是很太平的,却非要去故意掀起些浪花。因为那样才会有活生生的直接面对的感觉。

内田 年轻的时候我好像也是那样的。

中野 年轻的时候尤其容易那样。

内田 大脑为什么会那样呢?

中野 应该是需要来自多巴胺的快感吧。当看到对手对自己的某些行为产生了反应就会特别兴奋,这叫做"自我效能感"。即当自己对某件事造成影响的时候，就会促进多巴胺的分泌。

内田 人其实就是想对某些事物产生影响。

中野 当人自认为那才是"自我存在的理由"的时候是会那样想的。

在安定的环境下，什么都不做，完全没有"犯罪"的可能，那反而是个压力。但是随着年龄的增长，大脑也会慢慢地踏实下来，因为多巴胺带来的兴奋会感到疲劳，所以也就归于安定和平了。

在人生多出 50 年的时候遇到了丈夫

内田 中野女士你是怎么应对你的黑洞的呢?

中野 在我刚过了 30 岁的时候迎来了人生黑洞最深的时期。可能因为那时候刚取得了博士学位，在做博士后的时候去了法国的研究机构，想做的事几乎都实现了，于是我就开始想，接下来我还为什么而活着呀?

内田 这就是所谓的"燃烧完自我"的说法吗?

中野 也许是吧，所以时间一下子就多出来了。

中野信子 30 多岁，与丈夫中野圭相识，摆脱了人生黑洞。

现在不是常说已经到了人生 90 岁的时代吗？我感觉自己一下子多出来了 50 年。

内田　（笑）不好意思我笑了。我们实在不是一个维度里的人，所以只能笑了。

中野　放在现在我自己也会笑。

正当我开始为之后的 50 年该怎么活而苦恼的时候，我临时回了一趟日本，就在那时候跟我先生相识了。虽然之前也跟别的男士交往过，但他们选择我多半是因为我的学历在跟家长介绍的时候还算体面。这样的现实让我很吃惊，所以我也就一直犹豫着没结婚。当遇到我先生的时候，我的感觉就是他是我迄今为止从没遇到过的，跟之前我周围的那些人都不一样。

内田　从直觉上被迷住了的感觉是吧？

中野　然后就顺理成章地在一起生活了。

内田　欸？不是临时回国吗？

中野　是啊。而且那时候在法国也找到工作了，于是我辞掉了那边的工作就彻底回国了。当时我们俩人都很穷，生活很拮据。在家附近的蔬菜店买个冬瓜，做完菜连皮都舍不得扔。

内田 太浪漫了。这简直就是"只要有爱在"的感觉。

中野 这样大概过了一年半，就商量着要不结婚吧，于是就结了，还是照样很穷。

内田 你先生是做什么工作的呢？

中野 当时他是美院的非常勤讲师，现在是大阪艺术大学的副教授。平时大多数时间都待在大阪，只有周末才回这边。

内田 你们这算名副其实的周末夫妻啊。永远都是新鲜的。

中野 的确是吵不了架。有时候我找茬吵架，说他："你是不是脑子坏了？"他却回话："我现在坏了的是腰啊。"

内田 （爆笑）你先生的段位可真是高啊。

中野 他本来也是经常说怪话的人。比如"太平洋横滨"，他总是说成"太洋平横滨"。[1] 再比如，

---

1 太平洋横滨，即 PACIFICO 横滨（横滨市的一会展中心），此处本木玩了一个文字游戏，把 PACIFICO 说成了 PAFICICO。

他还经常把"大溪地"置换成"日立"，[1] 总是混淆词语地乱说。

内田 这交流虽然很愉快，但是他的大脑构造真的没问题吗（笑）？

中野 在语言领域他的确是个奇怪的人，而且在其他领域也有很多奇怪的点，所以如果不是遇到我，他估计也很难结婚吧（笑）。

就"也许分开更轻松"对个话如何

内田 我是结婚以后过了一段时间就想要离婚了。

中野 啊？为什么呀？

内田 我曾经在母亲的强迫下养成了每年要去见父亲一面的习惯。15 岁那年去见父亲的时候，当时本木因为出演父亲制作的电影，正好也在，就这样很偶然地跟他相识了。第二年又有了一次见面

---

1 大溪地（Tahiti）的日语发音为 tahichi，日立的日语发音为 hitachi。

的机会。那之后我去瑞士上高中，我们便开始了书信往来，可以说这些信件就是我们恋爱时期的记录吧。

中野 哎呀！

内田 所以结婚当天的感觉都可以说是"初次见面"，原本以为结婚生活会是恋爱的延长。因为书信往来的时候都是挑好的写，所以想象的也都是美好的。但是啊但是……

中野 现实一下子就到了眼前。

内田 是的。比如，我是在欧美接受的教育，拥抱是家常便饭，但他是没有这样的习惯的。吃的方面我们的喜和厌也是截然不同，这些都让我着实吃惊不小。

还有，无论做什么我都是积极的，而他都是消极的，我们的出发点就截然相反了。我希望什么都能跟他分享，而他认为两个人的感受性不同才更有趣。生活上无论多小的事都需要两个人的价值观磨合后取中，那种挫败感特别强烈，我开始思考难道结婚就是需要不断地妥协吗？对于当时才 20 岁出头的我来说这的确是个难题，于是我们进行了一次谈话，主题就围绕着"虽然很遗憾但是分开对我们来说是不是会更轻松"。不过那次谈话没过多久我就发现我怀孕了，孩子要来了。于是就想，没办法了，那再坚持一下吧。当"孩子"这个家庭内的另一种角色出现的时候，他会帮你分散一部分的精力，让之前两人紧张的关系得到了缓解，就好像风也流动了起来，正对应了"孩子是夫妻的羁绊"这句话……虽然有点痛苦（笑）。

中野　是吗？我倒觉得你们的故事很好啊。

惰性能让夫妻关系变得融洽

内田　我觉得很大程度上是因为惰性才让我们的夫妻关系持续到了今天。现在即使孩子们不在身边，我也能有短暂的幸福感呢。想想当初结婚时幼稚的自己，我们两个人能走到今天真是不易。那种欣慰感还真有点老夫老妻的感觉了呢（笑）。

中野　真美好！我认为惰性非常重要。靠着惰

内田也哉子 19 岁，与本木雅弘在明治神宫举办婚礼，婚礼后二人被
记者团包围。

性继续着,其实也是因为应该有的适应得到了适应。流水会在它该停留的地方停留,人是不是也应该朝着这个目标而活呢。

内田　不要光以自己的意志为中心。

中野　靠自己的意志让水停留,在不该停留的地方勉强地让它停下,是不会有什么好事发生的,同时这也会导致黑洞的形成。越是想要勉强留住,越是会导致内心黑洞的形成,也会让自己受到伤害。意识到了这些后,你会发现选择干脆放弃勉强才是明智的。以大家都期待的方式,以大家都认为合理的形式,往好的方向去努力,并选择沿着它的路径生存下去。这里边是有一个变化过程在的。

内田　那样的话,之前因为"勉强"而形成的黑洞是不是也会得到适当的缓和?

中野　是的。所以对多出来的 50 年我才会不觉得是虚无的了,而是把这后 50 年当作意外收获,这样想心情也会变得明朗起来。

内田　这种情绪的转换太棒了!

中野　我会想:我是活在当下的,因为某个人的需要而活在当下。这个想法就如同一根蜘蛛丝能把自己从很低落的情绪中拉上来。

内田　那莫非就是遇到你先生的时候吧。

中野　没错。那之前的我深深地陷入黑洞中，完全没有活下去的动力。是我先生融化了我冰一般的心，他简直就像是电热毯一般的人。

内田　你不能用更美妙一点的词来形容他吗（笑）？

中野　（笑）那就说他是温暖的远红外线吧。把热传递给我，慢慢地融化了冰一般的我。

内田　我能想象得到。

中野　我非常幸运。所以，他就是再找三个女朋友我都没意见。

内田　如果真的找了三个女朋友会怎么样？

中野　如果是令人讨厌的女生可能我接受不了。

内田　如果是有趣的女生呢？

中野　我会觉得，真不愧是他选的人。

内田　我感觉你好像真能接受这个现实，有点可怕。你有没有问过你先生喜欢你的什么地方？

中野　婚后有一段时间曾经问过，但是他总是打岔不正经回答，后来我就想算了，不问了（笑）。

内田　理解理解（笑），都无所谓了。但是我的欧美朋友们听说我先生不喜欢卿卿我我，也不喜欢两人之间太没有距离感，他们感觉特别不可思议，很担心我们的关系，"在伴侣关系中最重要的地方他都是错位的，你们的关系没问题吗？"

中野　哎呀！其实这也正是我想反问欧美人的问题。难道欧美的离婚率比日本低吗？并不是啊，反而比日本还高呢。他们那么重视拥抱和亲吻，还不是一样会迎来婚姻的破裂，所以我想说其实那些行为也没什么意义。

内田　逻辑是通的。

中野　因为还有比这些更重要的东西吧。

内田　你觉得那是什么呢？

中野　我觉得重要的是你能否相信对方是尊重你并对你怀有好意的。所以无论对方是什么样的人，只要确信了这一点。

内田　这又让我想到了我的父母。

第三章　生儿育女应该都是女人的事吗?

2020 年，两人持续进行了几场对话，同时新冠疫情的爆发让全世界经历了异常艰难的一年。2 月末，从小学到高中，日本所有的学校停课。4 月，政府发表紧急事态宣言，号召民众过尽量在家不外出的生活。由此，日本的家庭存在方式也随之发生了变化。5 月，编辑部连线宅在家中的两人，通过网络进行了第三次的对谈。

因新冠疫情而改变的内田家和不变的中野家

内田　这回我们身处新冠疫情中，通过网络进行远程对谈。中野女士你这湿漉漉的头发和脖子上披着的毛巾是……

中野 好久没跟也哉子你见面了,我收拾了一下自己,洗了个澡,没来得及化妆就坐到了这里……

内田 你素颜的皮肤看起来 Q 弹 Q 弹的,很美!

之前我记得你说过你先生平时要在大阪艺术大学教书,只有周末才回来,你们的这个生活模式在新冠期间有所改变吗?

中野 基本上没变。虽然他的学校停课了,但他一周有一两天会去横滨,在我们租的房子里度过。偶尔也会到大阪艺大去,其余的时间会跟我待在一起,在我家里弹弹吉他什么的。

内田 横滨离东京这么近为何还要在横滨租房子?

中野 据他说横滨相比东京不易得花粉症。但是过了花粉季他还是会去那边,我也不知道为什么,大概是喜欢横滨的城市氛围吧。你家的日子过得怎么样呢?

内田 3 月份开始小儿子的学校临时停课了。

因为是国际学校所以一直到 9 月份都没课了，我正不知道该怎么办呢（笑）。如何让小孩子对学习产生兴趣还是需要家长有一定的工夫啊。因为他们很容易厌倦，我也会变得很不耐烦，家里飘满了讨人厌的空气。

中野　的确如此。哥哥姐姐们呢？

内田　大儿子在日本，女儿在纽约的大学上学，疫情爆发后没多久就回国了，每天倒着时差上网课。因为学生宿舍要给医护人员使用，所以学生们都搬离了宿舍。

中野　为了战斗在新冠最前线的人们呐。

内田　所以家里一下子五口人都聚齐了，已经很久没有这样过了。感觉全家人都被关在了家里。我跟几个同是妈妈的朋友给"儿童之家"福利院的孩子们做口罩，用塑料袋为医护人员做简易防护服，还要做一家五口人的一日三餐，忙得不亦乐乎。

中野　我一个人的时候几乎没兴致做饭，连洗澡都不想。

内田　不洗澡难道也跟新冠疫情有关系吗（笑）？

中野　有啊。因为不跟人见面了嘛。

内田　原来如此。我因为偶尔要去超市，不过的确是因为不跟人见面了，所以也就不用特别收拾和打扮自己了。

今天孩子们让我一定要向你请教一个问题，他们问："中野老师，有没有对大脑产生影响的病毒？"

中野　有啊。中枢神经感染病毒中最有名的就是引发小儿麻痹症的脊髓灰质炎病毒。他们要问的是这个层面的问题吗（笑）？不过我们也可以先从这里进入。这样的病毒会影响到所有的神经系统，连带到管理大脑运动的神经体系的话就会造成麻痹了，也就是常说的小儿麻痹症。

内田　新冠病毒属于特别异常的病毒吗？

中野　其实并不是。SARS（重症急性呼吸综合征）以及 MERS（中东呼吸综合征）都是由冠状病毒引起的。我认为只要做好足够的保护措施，完全不必那么恐慌。但是出现急症时能否立即进行救治是关键，所以应该立即建立这样的急救医疗体系。因为病情发展很快，患者有可能会迅速死亡，这个是很可怕的。当不能呼吸的时候那种痛苦是难以想象的。

中野信子的死亡笔记

内田　患新冠而去世的人有的好像在很短的时间内就走了，有的甚至是在没有家人陪伴的情况下一个人走的。当听到这些时，我想到了关于"死"以及"怎么死"的问题。诚然，去世的方式是无法自己选择的。

中野　我倒真希望当我意识到的时候我已经死了。当然，这种情况是不存在的。但是我可不想让人看到我还没洗完的内裤和我的死亡笔记。

内田　我也不想让人看见还没洗完的内裤。死亡笔记我倒是没有。

中野　有时候遇到一些讨厌的人和事，不想费脑子去细想，就直接把它们记录下来，这就是我的死亡笔记。感觉只要一写在纸上，那些糟心的事情就可以不用去想了，过后再把本子烧掉。不是因为我是个怪人才这样做,而是因为这个方法真有效果。

内田　你是在用这个方法发散怨气。母亲曾经跟我说过,如果有什么不顺心的事情总也挥之不去的话,就说出来让它们一吐为快。所以,是写在本子上好呢?还是说出来好?

中野　我觉得都有效果吧,因为"输出"是很重要的。然后……你看过佐杜洛夫斯基[1]的电影吗?我给你发了 YouTube 链接,你可以看一下吗?

内田　好的,我看看(看了亚历桑德罗·佐杜洛夫斯基导演的《心理魔术,治愈的艺术》电影的预告片)。

……这个影像很超现实,甚至有些可怕呢。比如这个穿着婚纱一直在墓地中行走的女子的镜头。

中野　在这个女生结婚的前一天,她的未婚夫跳楼自杀了。她因为不知道其中的原因,为之痛苦了很多年。佐杜洛夫斯基导演设计了让女主人公穿

1　亚历桑德罗·佐杜洛夫斯基(Alejandro Jodorowsky),生于1929年,俄罗斯犹太裔智利、法国籍导演、制片人、编剧、演员、作家、诗人、作曲家、漫画作家和音乐家。佐杜洛夫斯基以前卫风格的电影闻名,他的电影时常带有充满暴力的超现实形象,以及神秘主义和宗教结合的暗示,这使他的电影常被视为邪典电影。

上婚纱，在她未婚夫的墓地中行走的镜头。之后，她将自己那已经变得毫无意义的婚纱献给了教堂，就去跳伞了，像她的未婚夫那样从高处跳了下去。

内田　这样的话她就可以向前看，好好活下去了，同时也能克服自己内心的压力和创伤。这也是导演的意图吧？他应该既是电影导演又是心理医生吧？

中野　虽然不是心理医生，但他是将这部名为《心理魔术》的电影中治愈的行为以"艺术"的形式来展开的。里面的魔术造诣也很深，能起到精神疗法的作用。还有一个镜头是，在大大的南瓜的表面，男人依次放上一直忽视自己的父亲、母亲和姐姐的照片，然后一边用榔头猛烈地砸下去，一边大声喊着"听我说！"做完这些之后，男人的脸就好像去掉了污秽一样，变得格外清爽。

内田　看来他通过这个宣泄克服了对于家人的愤怒。通常情况下，当自己被某人"欺负"时，我们内心会燃起一股怒火，根据这个"某人"是外人还是血亲的不同，我们所消耗精力的大小也是不同的。血亲可能会更大一些，思绪也会一直跟随着你。不光是我自己这么想，让我真正认识到这是全人类共通的有普遍性的现象，还是因为读了你的那本《毒亲》。上次我们对谈时你正好在写，你是怎么想到要写这个题目的呢？它是你孕育了很久的课题吗？

日本的妈妈们都是毒亲预备军

中野　三言两语很难说清楚，其实我从小就一直在想一个问题，为什么人类宁愿受那么大的罪还要生孩子呢？我们算是在昭和的价值观中成长起来的一代吧。母亲为什么要背负这么重的义务，在性别不平等的社会中担负着生儿育女繁衍后代的义务？而且这个恶果会绵绵不断地影响到一代又一代。

内田　人们容易负担起过度的义务，所以很多家长就在不知不觉中变成了毒亲。谁都有可能变成毒亲，即使自己不想成为毒亲也很难确保。我自己就有太多这样的体会，现在想起来给孩子们下跪的心都有呢。

中野　估计我要是条件具备的话也早就是毒亲了。真想让那些整天都在担心"我是不是成了毒亲了""我会不会成为毒亲"的人解放出来，因为世界上本来就没有完美的人。

一个自己尚未健全的人去养育更不健全的孩子，如何来弥补这个系统的脆弱性呢？这样想来，就觉得是不是应该让"养育专家"来承担养育者的角色？也就是说，可以进行一个实验性的思考，创造一个社会，让养育孩子的工作不是交给家长而是交给养育专家来完成。

内田　欧美好像很早就有这样的体系了。

中野　日本家境很好的人的家里也有这样的体系。生和养是不同的人。

内田　我大儿子和女儿 12 岁就去欧洲上了寄宿学校（全封闭寄宿制的学校）。特别是对于大儿子，我们夫妻俩当时是属于过度干涉了。因为是第一个孩子，总是怕教育不好，一直都很不安。他的每件事我们都要插手,弄得他慢慢地都开始萎缩了。后来我母亲看到了,就说:"赶紧让他出国,离开你们。"于是我们才决定把他送出去。

中野 不愧是希林女士啊。

很小就被排除到家庭之外的我们

内田 我自己也是 9 岁就被送到美国去上学了(笑)。在日本的时候也常常被送到亲戚家或朋友家。可以说是在很多个家庭里长大的。这样的经历让我学会:首先,我会记住什么是"客气";其次,我会发现哪家的叔叔阿姨都有什么样的价值观,孩子们又都有什么特点。我母亲说这是最好的"社会学习"。可是那时的我觉得哪里都没有自己的安身之所。现在回想起来,那时的自己是个不安之感非常强烈的孩子。

中野 我特别能理解。我也是在 12 岁时就离开了父母,被寄养到奶奶家去了,之后是在爸爸家和奶奶家一次次的往返中长大的。因为每个家庭的文化都不同，所以小孩子进入陌生的环境一定会感到不知所措。

普遍认为在多种价值观中成长对于智慧的培养是有好处的。但是从对人的"依恋"角度看，这样成长起来的孩子会出现两种极端的情况：要么容易回避人与人之间的关系，要么容易对人抓住不放。

内田　所以虽说养育者最好不要是父母，但最好也不要是经很多人手的那样。

中野　最好是特定的养育者，这还是很重要的。

内田　从这一点上看，寄宿学校是少数几个孩子一起住在一个房子里，配备有经验的管家，倒是符合了由专业的人来养育这个条件。其实我们当初送孩子进去的时候并没有"让专业的人养育孩子"这样的认知。

现在回顾自己在将孩子送到寄宿学校之前的育儿方法。你想想，我是 19 岁结婚，21 岁生的大儿子，23 岁生的女儿。那时候，总是苦于"为什么每天要花这么长时间陪他们玩上好几遍一样的游戏呢？"好不容易做的离乳食，刚一喂进嘴里就吐出来了,一边带孩子一边跟烦躁的自己作斗争。最小的孩子是我在 34 岁时生的,他出生以后我倒是稍稍放松了一点。所以我特别理解你说的"人的大脑在 34 岁之前还没有成熟,所以不可能做出准确的判断,也很难与人产生共鸣"。

大脑发育到适合育儿的状态是 40 岁以后

中野　其实我们人类大脑和身体的发育平衡并不好。研究数据显示适合生育的身体也许是在 20 多岁,但适合生育的大脑是在 40 岁左右。

内田　原来如此。所以,如果以后孩子们问我的话,我就告诉他们结婚不宜早(笑)。那么你没想过要孩子吗?

中野　也不是完全没想过,但是结婚以后感觉跟老公在一起的时间变得特别重要,也就不去想要孩子的事了。

内田　我以为你会有更坚定的理由呢,为什么呢?

结婚两年，陪长子 UTA 迎来人生首个新年的内田也哉子。21 岁的新
手妈妈还是一副天真无邪的模样。

中野　理由要说有也是有的，但是不太好开口。

内田　作为一个未能深思熟虑、任由自己的想法行事、一下就生了三个孩子的人，我很想听听。

中野　像我这种总是对社会一般常识抱有疑问的人，连我自己都会想，像我这种总是持有反对意见的人如果生了孩子，孩子会不会走向犯罪的道路呢。

内田　哎呀，你想得也太多了。正是因为你感性与理性兼备，才会想得那么深入那么客观吧。我是一个相对迟钝不敏感的人，20岁出头的时候从来没想过关于生育和社会的问题，真是汗颜啊。

中野　哪里啊！我只是想得太多了所以没有生孩子。人在恋爱的时候是很难做到理性的，"喜欢这个人，想跟这个人生孩子"这种想法不是理性而是身体的机制在起作用。尽管没有理性作用的"有性生殖"是人类延续了几万年的生存结构，但人类其实还是会把理性看得很重，从而才造成了过于偏重理性的人最终选择不生孩子的结果，这样的个体还大有人在。我一直不得而解的一个问题就是，既然想要繁衍后代，为什么还那么重视理性呢！

让母亲们没有腹痛地生产

内田　"中野世界"中理想的生产方式是什么样的呢？

中野　是这样的。我给你发新闻图片，你看一下。

内田　是美国费城儿童医院用"塑料‘人造子宫’孕育羊宝宝并发育正常"这个新闻。哇！羊的胎儿好像被装在一个真空的袋子中，在人造子宫的生物袋中跟合成羊水一起封闭起来。也就是说？

中野　也许一百年以后吧，人造子宫应该会投入实际应用。我认为人类最好不要使用自己的身体去生育孩子。这个想法很激进。因为这样的话，母与子之间就不会产生过度的爱了。在不太健全的环境下母与子的爱也许曾经对于人类养育孩子是有益的，但是人类会让环境更加完善，会让科技更加发达。今天这个社会，正在慢慢地形成一个"爱有毒"

的时代，我是这么认为的。

内田　哇! 这也太有深刻的内涵了!

中野　我说的这些话，因为也哉子你既知性又想法灵活，所以你才能接受。若非如此，人家会说"生孩子是很特别的经历啊"，然后会轻而易举地批判我五个小时吧（笑）。

其实我想要表达的并不是"别生"和"别养"的意思。生育之事因人而异，有人适合有人不适合，与其说勉强做爱，然后母子都饱受痛苦地生产，为何不借助高科技的力量呢? 其实我想说的是这个。

喜欢佐杜洛夫斯基的女人

内田　生不生孩子本身就是一个很难讨论的话题。比如，我有几个接受不孕症治疗的朋友就实施了体外受精。这样的话题有时是可以公开说的，而有时又好像很敏感。

当选择的手段变多了以后，从好的层面上看，生孩子这件事已经慢慢地变得更加便利。而从社会普遍的道德观和伦理观来看的话，社会上对父母没有亲自养育孩子，甚至母亲没有亲自生育孩子，好像还是很忌讳的。但是因为有了新的视点，所以也正提供了一个可以重新审视现状的机会吧。

中野　也许不久的将来就会发生变化。忌讳的概念只是人在感觉上认为"这个不可以"，但很快就会发生变化。曾经的战争时期，人类连敌方的人肉都吃。

内田　能出现人肉这样的话题，不愧是常看佐杜洛夫斯基的人（笑）。

中野　经常被人说是"第一次看到喜欢佐杜洛夫斯基的女人"（笑）。

寄语因疫情而增加了家庭负担的女人们

内田　现在又常常听到如以前的妈妈们常挂在嘴边的"我每天都活得满满当当的"这样的牢骚话了。疫情原因，妈妈们于家中的角色又增加了很多，除了做一日三餐，还要盯着孩子的线上学习，有工作的人还要进行远程办公。如果伴侣能够一起分担的话还好，但不管怎么说女性的负担还是很大的。而且，说是在家办公，但其实在家里根本工作不了一点儿。

中野　一天只有 24 小时，这一点疫情前与疫情后没有任何的改变，时间是平等的，但是时间的分配发生了变化。之前花费在上班路上的时间可以节省下来，而照料家人的时间增加了。家务的话，因为平时也会做所以改变并不明显，特别是用在孩子教育上的时间变多了。如果这些都是母亲一人负责的话就会比较辛苦，如果是像我家这样，妈妈特别爱辅导孩子学习的倒还好（笑），否则夫妻二人有必要进行对话沟通了。

内田　我家的情况是，孩子们的日语作业一直是由老公顾着，除此之外的由我负责。现在回国在家的女儿也在帮着辅导小儿子的功课，所以很自然地人手就够了。

中野　太完美了！就应该像你们这样夫妻沟通并分工才对。疫情爆发后，我也听到了一些呼吁把疫情作为推进教育界改革的原动力的发声，比如对于学校要不要改成 9 月份开学[1]的讨论，等等。"报废和重建"是这个国家最擅长的。如果从好的一面去看新冠疫情，可以说它正好给这个体制创造了一个"报废和重建"的机会。如果它也能成为一个契机，能让男人们重新审视妻子一直以来背负的家庭担子有多重就更好了。

内田　话虽如此，如果依然感受到了压力，我也会试着写在本子上然后把它烧掉的。

中野　写下再烧掉，你会很爽的，然后会变得对人更和善。

内田　孩子们发现妈妈最近变得更和善了，却发现家里有很多烧过的纸灰（笑）。

1　日本的学校普遍是 4 月份开始新学年，与国际并不接轨。

第四章　想过要放弃做女人吗？

2020 年 5 月底，虽然日本解除了全国范围内的紧急事态宣言，但是新冠疫情依然没有终结。这期间，有几位演员自杀了。当你在这个社会中寻求安身立命之地的时候，你的家人能否帮到你？ 7 月，时隔五个月之后，两位实现了线下的对谈。探讨关于家人的问题，以及关乎自身生存的问题。

因疫情而增加的自杀率

内田　昨天，三浦春马自杀了。我跟他虽然没有交集，但一个看上去那么好的刚 30 岁的年轻人就这么走了，我特别心塞。

中野 是啊。自杀这个行为，其实需要在完成死亡的过程中做很多的准备，而且都相当麻烦。虽然可能是出于一时的冲动，但也要有很强的意志力才能做得到，真让人心疼。

内田 我记得你之前说过，所有的生物为了生命的延续都是被程序设计好的。

中野 是的，延续生命其实并非那么简单。虽然我们会有想死的冲动，但未必是真的想死，而是因为活在一个太痛苦的状态中令我们很厌倦（但其实还是想活下去的）。的确，如果从自我个体的生命延续上看，自己选择死亡实际上是违背了这个生命延续的安排。

如果生命延续只是"自己基因的延续"的话，那么为了孩子牺牲自己选择死亡，这种行为从漫长的历史长河看是不乏先例的。如果是为了延续集体基因的话，那么也有可能会以牺牲自己的方式求得集体的延续。因此人类是会根据延续生命的意义大小，来决定是否自绝性命的。

内田　自我牺牲啊……

中野　有人说自杀只属于人类，但是不能一概而论地说自绝行为在别的生物中就不存在。

刚才我提到，人如果一想到未来几十年都要一直过很痛苦的生活的话，有可能就会丧失活下去的力气。能预想未来这一点的确是人类独有的特征，但同时，因此而自杀的也只有人类。

我在大二的时候，有一个关系很好的大三学姐。她是一个特别可爱的人，性格直爽，脑子又好，总之非常优秀。但是，在国一考试（国家公务员一级考试）前，正赶上阪神淡路大地震，而她又是一个有着远大理想和抱负的人，于是她立刻加入了志愿者的队伍。当时不像现在，还没有做志愿者可以换取学分的制度，所以她的学习成绩一落千丈，国考也没通过。我们本来约好了 8 月再见的，结果刚 8 月初我就接到了一通电话，是她去世的消息。

内田　是自杀了吗？

中野　是的，我很受刺激。不过，她到底因为什么而自杀已经不重要了。一个看起来如此春风得意的人，如果能活在当下，那么她一定是个在各方面都非常活跃的人。她的死让我坚定了绝不能自杀的决心。虽然活着也很辛苦，活好每一天都需要使出浑身的力气，但是即便如此也要咬紧牙关地活下去，放自己一马，等风停了再往前走。我在她走后有时候自己被卡住了，就是这样想着挺过来的。

内田 每个人都活在人与人的联系中，一个人的逝去给周围的人带来的伤痛是超出想象的。但如何能制止这样的事情发生呢？他们的走都太令人惋惜了，而我们就这么看着却什么忙都帮不了，真是太痛心了。

中野 我特别想传递这样的信息，也特别想创作出能让这些人看到的作品。他们自己没意识到这种"惋惜"啊。我常想哪怕自己的力量再微不足道也要尽力去阻止这种事情的发生。

"如果学姐活着的话，她会怎么看待我们正在讨论的这个话题呢？"

九十九个人的赞扬也抵不过被一个人攻击的伤害性

内田　虽然我身边没有人自杀，只是从新闻上听到或看到，但是我也在想自己是不是可以做点什么。从脑科学的角度，哪怕是微不足道的事也好，难道没有什么我可以做的吗？虽然我也知道不能什么都求助于脑科学。

中野　关于这一点我表示非常遗憾，脑科学的确是无能为力的，反而艺术领域也许还有所作为，比如上次谈到的佐杜洛夫斯基导演的《心理魔术，治愈的艺术》。但是我觉得自杀的原理用脑科学应该还是可以解释的。三浦春马可能是个特别认真的人，对于特别认真的人来说，增加一份痛苦会比增加一份幸福获得的感受更强烈。如果有九十九个人都在赞美你，但只有一个人在侮辱你或者在嘲笑你，那么这一个人的言语会被你的感受格外放大，是会有这样的情况的。可能有人会说"怎么那么敏感，太夸张了吧"，但说不定就连这个想法都会成为被攻击的理由，我相信一定有这种情况发生。

但是，如果你已经有了"可能会有这种情况发生"的思想准备，也许就不会那么难受了。你只要想"虽说有一个贬，但不是还有九十九个褒吗？"那就也许能用意志力，冷静地去看待自己那消沉下去的悲观情绪。我希望大家知道一点，那就是，现在你让自己正在遭受的苦只是没道理的苦而已。

内田　百分之九十九的正向评价是事实，有正就一定有负也是事实。所以，关键是要首先认清这样的事实。那么，中野女士你有过被一点点的负能量击垮的瞬间吗？

大脑会因环境而改变模式

中野　从晚冬到早春的时节，我有时会有那么一个阶段是完全不行的。所以这时候我就会去海边，去潜水，把不好的心情冲刷掉，重生后再回来。

内田　是吗？这样的解脱方法最好大家都能掌握。无论是什么，多微小都可以，最好大家都能掌握，是吧？

中野　孩子的存在对于有的人来说可能就是解脱。我的朋友中也有人会在心情不好的时候，做很多好吃的菜来获得解脱。

内田　可能是因为在做自己喜欢的事的时候可以让你忘掉其他事，这样一来是不是就可以从自己被坏心情囚禁的状态中转换到其他轨道上去了？

中野　我们常常会觉得大脑是帮我们决定所有事情的，其实并非如此。大脑是会根据环境而改变模式的。比如，你在东京和在伦敦，会不会觉得感受事物和思考问题的方式有所不同呢？好像变成了不一样的自己。当变成不同的自己以后再去审视东京的自己，你就会发现"啊！原来我不过是稍稍困惑了一下"。

内田　如果真的困惑了，那就靠直觉去采取行动就好了。在房间里的就从房间走出去，开车出去兜风，或者去看山看海，这样的话大脑是不是也会随之改变？

中野　会的会的。或者就干脆试着"死"一回，这样的方法也是有的。

内田　欸……怎么又把我带到超现实的世界中去了？

体验模拟死亡的方法

中野　有一个叫神田桥条治[1]的心理医生，他就提出了"去试着死一回"的方法。为了缓解身体的紧张感，他有一套"左手越来越沉重，接着开始失重，最后感到很温暖"的自律训练法。他观察到，当抑郁症的人一旦决定了要去死，他首先会变得有精神了。

内田　所以，不是真的去死，而是个模拟实验。真是一个好主意！具体会做些什么呢？

中野　如果有人决意要去死，他会对他说："那我们一起死一回吧。"然后躺倒在床上，对他说："你已经死了，现在你的肉身开始慢慢溶化，腐烂，化

---

[1] 神田桥条治，生于1937年，心理医生。长年于九州大学精神神经科进行精神分析疗法的研究，研究方向为精神分析中的内省疗法，以及对话精神疗法，目前研究重心为杂谈精神疗法。

掉，回归土地。现在你的身体变成骷髅了。变成骷髅，被日光曝晒，越来越白。变白了以后，附着在上面剩余的肉会变干，掉落，这时候轻轻摇晃一下身体，上面的肉全部都会脱落，你变成了一副白骨。所以，如果想死的话就尽管死吧。"

内田　哎呀！我真想说感觉还挺舒服啊，这话不知该不该说。

中野　当然可以说啊。然后接着又从"现在你有没有想生还的愿望"开始，"那些脱落的肉开始回归并集中到你的骨头上，肉身也开始完整起来。看！手指能动了。能感觉得到力气满满吧？来！试着起身看看，你重生了！"就是这样的一个过程。此时此刻我忽然觉得，如果用也哉子你的声音来做这一套的话一定很棒。

内田　日本年轻人的自杀率是很高的，对吧。

中野　是的，很高，所以要采取措施啊。人类是生物界唯一因为忧患未来而自绝生命的物种，但同时不也是可以靠着想象力进行濒死体验的生物吗？

内田　这倒也是。越感性的人越是能把想象力用得恰到好处啊。这个方法哪怕只能挽救一两个人也是很好的。

中野　虽然不能挽救三浦了，但我希望不要再出现被痛苦折磨的人，希望能为他们做点什么。

与父母之间的冲突造就了我

内田　我们关于"家人"的谈话到今天已经是第四次了。回顾之前聊的内容，我曾经就家庭内父母亲的作用，跟你请教过从脑科学的角度看是如何的。你当时不假思索地回答了"没有"（笑）。

中野　好像是。但更准确的回答应该是"没有被定义过"，换句话说答案也可以是"具有可塑性"。也就是说，无论是多么奇葩的父亲、母亲以及夫妻，在脑科学领域里都是"成立"的。

内田　各自分开生活，一见面就是怒骂、摔东西，打架打到动刀子，但就是选择不离婚。当我知道了即便是这样的夫妻作为生物也可以归入普通的门类中后,作为他们的孩子,我真是获得了莫大的解脱。

其实,我知道你小时候,你父母之间的关系以及你们的亲子关系也是不平坦的。虽然他们都是有着很深信仰的人,但是彼此的关系很不好,甚至都没有语言的交流,但在外面又特别注重团结一致。对于特别不擅长团结一致的你来说,尽管学习成绩再优秀也不被认可,曾经是这样的吧?

中野　是的。比如,我想做科学实验,就跟他们说"给我买实验工具吧",但是完全得不到理解。也许不被理解是理所当然的,但是这样一来亲子双方所关心的重点就完全错位了,变得完全不能理解对方,这是很不幸的。母亲对我思考的事情和关心的领域完全不能理解,当然也许她是抱有很大的不安,甚至我的成绩越好她会越恐惧。他们可能把自己的孩子想像成疯狂的科学家了。

因此,既然我的存在给父母带来了这么多的不安,那还不如让机器人抚养我呢。如果是一般用途的那种 AI 机器人的话,是不会抱有什么不安的,也不会感情用事地去限制孩子的行为，相反它还会为我提供所有的信息。从提高孩子的学习效率的角度来看，AI机器人简直就是最佳抚养者。

内田 听起来真不错。父母亲把棘手的事情都交给机器人，孩子只需要跟父母一起吃吃饭，玩一玩，做些轻松的事情。上次我们讨论到关于生孩子是不是都应该归女人来承担的话题，等到人造子宫诞生了，未来女人就不用亲自生产了，这一次，我们的讨论中又出现了育儿机器人。中野女士，你的思考力之丰富，让我感叹不已啊。

中野 一般大家都会说"中野又说奇怪的话了"，更不会引起什么反响，只有也哉子你才会这么认真地听进去。我真开心，感觉什么话都能跟你聊。

内田 我也是不知不觉地就把自己很私人的问题都拿出来向你刨根问底地问了。在我看来，你作为脑科学的专家，一直都在学术界，还曾经留学法国。我擅自以为你的人生简直是太过于一帆风顺了，所以才会很感慨。特别是当听说你内心有黑洞的时候,更是吃惊不已,因为那是我母亲也拥有的。

中野 我听了你的话,也在很多地方都感到惊讶。本身你在 19 岁就跟本木雅弘结婚这件事对我来说就已经足够震惊了,当时看记者见面会的时候我就想,在还不到 20 岁就选择结婚的人该有多干净啊。但更令我震惊的是你结婚之后没多久竟然两个人就谈到了离婚。

我曾经想变成"大叔"

内田 我们在讨论"家人"这个话题的时候,其实也给了我一个契机,促使我去思考自己的人生是怎么走到今天的,又该如何继续走下去。我们探讨的其实是"活法"。

中野 在说到"活法"的时候,你的脑海里是不是经常会出现"去寻找真正的自我"这样的口号。但其实我并不这么认为。

我们每个人都有很多侧面,都是在用这众多的侧面活着。你认为的我可能并不是真正的我,它可能只是我一时的某个侧面，我正在写这样的一本书（2020年10月《角色》一书已由讲谈社现代新书系列出版）。

内田 这本书听起来就很有意思。人本来就是有多面性的，哪一面都是真正的自己。

中野 非常对。我们零零散散地拥有很多人格角色，然后这些零散的自己就像马赛克那样融合成了一个形状。只是，这些角色是通过后天学习而获得的。比如，有的女生特别适合"名誉男性"这个称号，她们为了能在男权社会中被认可，时刻以成功的男士为榜样，拼命地取得在男权社会中能够立足的角色。

内田 原来如此。所以她们有"自己想成为的样子"的榜样啊。

中野 我曾经很想成为"大叔"。

内田 你又幽默了（笑）。

中野 比如上初中和高中的时候，考试考了一百分，就会有人说"学习这么好以后可不好嫁人啊"。那时候我就想如果我是一个男人就不会被这么说了。但是我个子不高，还有胸部，如果变成男的有点难堪，所以就哭着放弃了。

内田　你当时不光是从外表上想变成男人，从社会层面上也希望被当成男人得到认可吗？

中野　是啊。因为我觉得如果是"大叔"的话，就不会因为性别受到限制了，而且在社会层面也能顺利地晋升。我当时想的就是，反正女人已经被定位好了，早晚要放弃自己的职业生涯去结婚生子，尽管不是自己想选择的道路，就是因为性别不同而被如此限制，这是我怎样都无法接受的。

内田　你是不想受到任何的阻挠地走自己的路。

中野　是的。自己应该走的路却被所谓的社会常识所阻挡，这是我不能接受的。

内田　真了不起啊，在小孩子的阶段就能很明确地知道自己该走的路，我觉得你这样的人太少了。

中野　是吗？但是你不是也曾经想当诗人吗？

内田　是的，曾经憧憬过。你就没想过开一家花店或者蛋糕店之类的吗？我感觉你好像没有过这种虚幻飘渺的梦想，从小就是从很实际的角度去思考的。

中野 我也想过如果能开花店也是很好的呀。还想到可以培育转基因的花，以及新品种。

内田 真有意思。你思考问题的视角就是与众不同呀（笑）。

中野 30岁以后我发现，即使性别上变不成男人，作为女人也可以拥有"大叔"的角色。

内田 这个我觉得每个人或多或少都会有的。其实男人也有男人的不如意，只因为是男人，一出生就背上了"长子"必须得背负的责任，还经常会受到"没什么用""大男人有什么好哭的"之类的指责，也真是很不容易。

中野 男人看似没有受到限制，其实也很不容易，这是我最近才意识到的。我们活在一个男女都不容易的时代。

内田 "亏你还是个女的！"现在这样的说法好像已经不存在了。

中野 没有没有。我就被人当面说过："你在外面这么活跃，你老公好惨啊！"

内田 啊！竟然还有这样的人！

羽生善治和藤井聪太闭着眼睛说话的理由

内田　上次我们的对谈不是通过网络远程进行的嘛，不知道为什么会有很微妙的时间滞后的情况，其实那样的话还不如打电话更好呢。因为我同时期还跟养老孟司老师进行了对谈，那个对谈就是通过电话进行的。电话虽然看不见脸，但是因为注意力会全部集中在声音上，所以反而觉得很近，这还真是个意外的发现。

中野　视觉看上去具有说服力，但其实很容易被其他感官的信息所覆盖而轻易遗忘，所以有研究表明在说服力这一点上电视远不如广播更能深入人心。就比如流行歌曲的旋律通常会在脑海中反复循环，对吧。所以说声音是很容易留下印记的。也许是因为我们的祖先曾经是夜行性哺乳类物种，在黑暗中全靠听觉，所以就留下了这样的习惯。

内田　你知道"Dialogue in the Dark"（黑暗中对话）工作坊吗？那就是在完全黑暗的环境中跟随视障人士一起前行、过桥、喝茶，跟他们一起做各种各样的事的工作坊。我也参加过。开始的时候心里总是担心脚下有什么，或者有谁在那里，多少会有点害怕。但没过多久，声音就突显出来了，随后它在我的心里越来越鲜明，于是我开始有一种重生了的感觉。

中野 真是很珍贵的体验啊。我们在看东西的时候，会用到一个叫做大脑的视觉皮层的区域，而视障人士不是用视觉而是用其他机能，比如语言机能。由此我想到了一个有意思的观察，当然这只是推测而已。你发现了没有，将棋棋士羽生善治和藤井聪太，他们在接受采访或在记者会上讲话的时候都是闭着眼睛说话的。说明虽然他们没有视觉障碍，但他们在言语表达领域的用法可能跟常人不太一样。

内田 是不是因为棋士要预判出好几步的棋，所以那时候会用到视觉皮层。

中野 他们好像是会以图像的形式处理将棋的棋盘。先记住棋子的位置，然后成百上千回地用食指将数据在短时间内进行处理。能做到这个地步，他们一定是在抑制住大脑语言领域的活跃的情况下进行图像资源处理的吧。他们两人说话时都有些时间滞后而且语速很快，大概是因为在大脑中要将回答的内容书写成文章，所以闭着眼睛在默读。

内田 每个人在使用大脑的哪个部位最多这点上是有差异的吧。中野女士你使用的是哪个部位呢？

中野 我是属于语言表达不太行，但语言书写还可以。说话的时候，我有点像海浪退却后拾贝壳那样，会一边捡着单词一边组成文章一边表达，所以经常说错，语速也比较慢。所以我特别羡慕那些当被问到什么的时候能很快地反驳并戳到对方痛处的人，所谓能言善辩就是要一张口就有等同于暴力的力量呐。

内田 啊！我母亲也曾经常这样说："我用语言杀过人。"因为她说的话总是能戳到对方的要害。

中野 对，就是这种。我特别羡慕像希林那样可以准确地戳到要害的表达。

内田 比如搞笑艺人不用语言杀人，但如果能快速接梗、快速反驳对方，他就是有水平的。

中野 我也真心这么觉得。我看电视上的综艺节目，偶尔还自己上上节目，或直接或间接地还真是学到了不少呢。

内田 我母亲随着年龄的增长，开始越来越学着用语言去表述别人身上好的部分。从中她也切身体悟到，虽说都是让人感受到语言的锐利，但使用它们的方法不同，得到的效果也不同，有时会伤害人，有时却能治愈人。也就是说，母亲是运用了大脑的语言区域的人。

中野 你先生属于哪一类呢？演员应该是靠视觉去记剧本台词的吧？还是说是念出声来用听觉来记呢？《麒麟来了》中的斋藤道三不是有很长的台词嘛。

内田 他会用眼睛读，也念出声，两者都有吧，甚至好像还会写下来。

中野 是哦。先输出再记忆是记忆术中最王道的方法，这也经过了实验的证实。他一定是靠着自身积累的经验摸索到这个方法的，真了不起。

疫情下可以做的事

内田 中野女士，听说你现在是东京艺术大学的硕士生。你这是又给自己定了什么目标呢？

中野 是的，我正在东艺大学习策展。学习内容就是如何将一件展品以什么样的形式呈现出来。专业课以外的课程我也选了，比如博物馆学，它很接近我自己的专业，老师也是一位既有个性又有趣的人，所以每次上课我都充满期待。

比如，大脑在我们熟睡的时候会进行记忆的整理，将记忆固定或删除，还会清理大脑中储存的垃圾。所以，即使是熟睡时大脑也是一直在工作的，这有点像没有展览的时候的美术馆或博物馆。我们可以利用布展间隙整理整理藏品，做做研究，或是进行下一次展览的准备。这种没摆上台面的工作其实是不可或缺的，所以博物馆和大脑从机能层面上看是很相似的。我觉得这一点特别有意思。

内田 不瞒你说，我也开始学习新东西了，虽说我的学习跟你的完全不在一个层面。我上小学的小儿子在学弹钢琴，我也顺便跟着他的老师在学。开始的时候注意力集中不起来，双手也不听使唤，但是每次下课后我都觉得神清气爽，感觉之前脑中很多杂乱的事情好像被清理了一样。我已经很久没有挑战做一件不熟悉的事了，还真是挺乐在其中的。

中野 学习是人类最大的喜悦。

内田 还有，在这次疫情中，我还做到了一件事。我们在日常生活中不是经常说"Be here now（活在当下）"嘛，但这其实是很难做到的。因为疫情，当下人们的行动都受到了限制，"这个要做，那个也要做"从身体力行上来说是不可能的。有一天，我 10 岁的儿子在用黏土做手工，然后他跟我说："你看一下啊。"放在以往，我最多也就看两分钟，马上就会做回到自己的事情上去了。但之前的那些"这个要做，那个也要做"到了当下，就变成了"反正现在也做不了，就先放在一边吧"。我就想，直到儿子说"可以了，不用再看了"为止，我要一直看他做。这样做了以后我发现，我们母子的关系一下子变得特别和谐。所以说有时候觉得不必要的事情，做了以后说不定会得到意外的收获呢。

有性生殖的"无用"对于"物种存续"的重要性

中野　你刚刚说了一个特别重要的内容。因为动物界只有"Be here now/现在，这里"，所以人类也应该专注于"现在，这里"才对吧，但为何感觉我们人类几十年如一日都是一成不变的呢。与"现在，这里"相比，人类对时间的感觉更为长久，比如一辈子活到80岁啦100岁啦，等等。所以当人类面对"这个可能是徒劳的""那个可能是有效的"之类的选择的时候，肯定有一定的比例会选到一眼看上去"徒劳"的那一项。

内田　噢，是吗！为什么呢？

中野 因为大多数选择看起来都是不理性的吧。在科学万能主义以及理性主义的时代，这些都被认为是人性的弱点和妄想。但是现在人们开始慢慢地觉得"好像并非如此"了，甚至可以说选择"徒劳"的个体对"保持多样性"是有效的，这在物种存续的问题上是很重要的。看上去"徒劳"，但是往前走几步也许就"有用"了。

本来按照百分百的理性主义去选择的话，有性生育本身就是徒劳的，那么你所要做的就是通过分裂去创造一个继承自己基因副本的个体。所以何必特意把遗传基因分成两套，然后再花时间和精力去寻找可以与之交换的对象，最后通过对半互换基因的方式来制造下一代呢？这是多么麻烦又乏味且徒劳的事啊。但是，如果能从中得到享受，在此基础上我们也可以说这对物种的存续是很重要的，不是吗？

你看小儿子做黏土的时光我觉得可以看作一种谛观，且这谛观也是很有意义的。

内田 太好了。被你这样一顿分析后，我感觉重新找到了自己的定位。不是寻找自我,而是自己设计自己的定位。现在虽然还处在漫长且遥遥无期的新冠疫情中,但是我想它也提供了我们思考这些问题的时间。

第五章 家庭制度、夫妻别姓和滥用药物

新冠疫情中相继有艺人因滥用药物或吸食毒品而被抓，这让我们开始思考人到底会从何处寻得心安呢？ 2020 年 9 月末，中野与内田进行了第五次对谈。关于家庭制度以及夫妻别姓……对日本现行的"家庭制度的根源"进行发问。

在一个劝人滥用药物如同劝人抽烟一样的环境下

内田 上次我们聊到了演员三浦春马的突然离世，这是一个躲不开的话题。其实我和我先生跟三浦并没有什么交情，但我们俩还是非常震惊。

中野　我也有很长一段时间心情不能平复。我在《周刊文春 WOMAN》上开设的"人生咨询"连载专栏中也收到了不少读者的"非常震惊，无法做任何的事了"的咨询。离世的人虽然跟自己非亲非故但也还是令我们大受震惊，情绪被压抑，或者心情变得很坏，而且很可能还会追随逝者去自杀，这种现象叫做"维特综合征"，从很久以前就已经存在了。维特综合征来自 18 世纪的《少年维特之烦恼》，书中的青年主人公维特在故事的结尾就选择了自杀。在当时的欧洲，很多人被这部小说所触动，产生了共鸣，还曾经在年轻人中引发过自杀热的现象。后来，包括日本在内的世界各地都有类似的现象发生。

内田　（三浦离世）之后也有几个艺人接连自杀，真是心塞得很。难道他们就不能把悲剧当作一个重新思考的契机，把想死的心情替换掉吗？中野女士，对此你一定也思考了很多吧，上次我们讨论过这个话题。

这次我们来聊聊当下正在发生的问题。演员伊势谷友介最近不是因为携带大麻而被捕了嘛。我9岁开始就去国外上学了，因为有很多外国人朋友，从小就置身在一个推荐大麻就像推荐香烟一样随便的环境中，但是我对它毫无兴趣，香烟也好大麻也好，都从未碰过。这对于在像我这样的环境中长大的人来说，也许确实少见。我下面的说法是不是不太恰当？我想说，伊势谷也曾经在纽约留学过，我想他也许是自然而然地就接触了这些东西。

中野　在这些方面日本和国外还是有很大差异的。

内田　我先生是个特别固执的人。他以前就说过"想要起飞的话就清醒地飞"，他从来都不指望靠滥用药物或者酒精让自己嗨起来或者期待它们能创造出什么奇迹。也因此，我们夫妇对于毒品是有洁癖症的，而且家里确实出过因为违反《大麻取缔法》而被捕的人——我父亲，让我无法理直气壮地去评论大麻怎么怎么样。

我自身的"认知"是抵触滥用药物的

中野 人们被滥用药物或毒品吸引，也有可能是因为想窥探一下未知的世界。同时，也有人会觉得大麻不算什么，这样的人说不定反而不容易被诱惑。

让我们用咖啡来举例吧。虽然没人限制小孩子喝咖啡，但是因为黑咖啡很苦，所以一般就会认为小孩子一定不会喜欢喝。但是如果告诉他"这是大人的饮品小孩子不可以喝"，反而会激发他的好奇心和兴趣。而且咖啡的广告又都拍得很酷，给人一种"只有大人才懂的秘密"的错觉。这里其实存在着一种因为禁止而萌生的诱惑，我们不能无视这种心理作用的效果。因此某种意义上，在药物的使用上或多或少地放开，而且药物和金钱的流向都由政府来把控，可以说这作为一种合理的方法是有些道理的。

内田 这在加拿大和美国一部分的州已经合法化了。

中野 我在国外研究室工作的时候，有个荷兰同事每次回荷兰就会买不少可能说是毒品的东西带回来，还给我推荐。

内田 一般自己喜欢的东西就会想给身边的人推荐。

中野 是的。不过，因为我本身有偏头痛，特别害怕某些东西会给大脑造成不可逆的影响……比如我的呼吸器官没那么好，也讨厌香烟，对点上火吸进烟雾这件事非常抵触，所以我会经常以"我的身体没有你们那么强壮"为由拒绝他们的推荐。

内田 但是，如果说有从来没接触过的世界在等着你，你依然没有兴趣吗？

中野 有是有，但因为我是一个容易上瘾的人，所以如果能看到不一样的世界，那最好还是不要去看。因为我很容易沉溺，所以最好一开始就不要触碰，也许这也是我拒绝他们的一个理由吧。还有一个原因就是，我想成为远离那种世界的人。

内田 我倒不是替我父亲开脱（笑），内田裕也的时代可以说是嬉皮的全盛时代，从摇滚文化的打破常规这个层面看，毒品其实是近在身边的存在。

我后来了解到欧美的很多艺术家都曾经公开地说过"那个时代我也曾经吸过"。

中野 甚至还有过使用兴奋剂的时代。

内田 啊,是吗!

中野 以恢复体力为目的的,就像现在很多的营养饮料一样,据说曾经有过那样的时代……

内田 也就是说用了罂粟籽了。

中野 应该是鸦片,用于宗教仪式上。但据说因为那是从远古时代就开始用了的,所以并没有遭到非议。我觉得这个解释也过于简单了。

内田 的确。

中野 在法律建立之前,这个世界上也有像你们夫妻和我这样凭着自己的"认知"对于毒品表现出排斥感的人。我觉得喝酒如果喝到微醺是可以的,但我很讨厌那种喝得不省人事的酩酊大醉,更何况对使用药物呢?

人通常分成两种,一种人特别讨厌失去自我,还有一种人不失去自我反而会很不安,甚至不能确定有没有明天。以前,为了这种"只有靠'这个'

来维持内心稳定"的人，毒品也许是作为"必要的恶"而被认可了的，即使现在不也还是有针对这类人群的处方药吗？所以我觉得其实没必要非去使用被禁的药物。

内田　如果原因在于被禁药物对人有很大诱惑力的话，那么像加拿大那样高举"合法"大旗的国家现状又如何呢？与禁止毒品的国家相比，那里吸毒者是不是很少呢？我印象中似乎也并非如此啊。

中野　最终还是人力资源如何平衡的问题。是像日本这样全面禁止更节省成本，还是允许吸食更加节省成本，单纯就是这个问题吧。加拿大这个国家在某种程度上已经得到了很好的控制，为了不让金钱流向反社会势力那一边，政府会认为也许这是一个合理的方法。

内田　也就是说某种程度上加拿大的做法算是成功了是吗？

中野　那要看以什么作为成功的标准了。

内田　犯罪率怎么样呢？

中野　那也要看是不是因为药物的原因而犯

罪，严格地以此来证明因果可能还是比较困难的。

内田　原来如此，我们的讨论真是话题不绝啊。

用药物滥用总结而成的历史

中野　是啊。其实，我觉得从前毒品所起的重要作用多是被用于宗教仪式上的那样，是为了让一个集体的机能变得更强大，而作为这个集体中的一员，它会让你觉得为了这个集体我可以去死。

内田　让你有使命感。

中野　是的。assassin 这个英文单词是刺客的意思，对吧。它的语源是 hashish，是印度大麻的意思。也就是说，对吸食大麻后言听计从的那部分人下暗杀密令。在人类的思维系统中，既有"为自己好的情况"，也有"为大家好的情况"这样的双层结构。但如果只是"为自己"的话是很难成就大事业的，作战以及其他需要集体协作的事情都很难成功。因此大脑就发起了"为集体好的情况"的提示，而宗教所起的作用就是推进这个提示，当然也可能是艺术，也可能是思想。毒品也许会作为其中的一种而被使用，一定有那种想用毒品来操控集体的人。

内田　原来如此。所以你会对醉酒很抵触，是因为不想被别人操纵，觉得自我一定要自己掌控吧。

中野　正是这样，我不能接受方向盘被强行夺走的那种感觉。

内田　明白，但我的感受可能略有不同……

中野　欸？会不一样吗？

内田　我的感受可能更接近于回避享乐吧。我跟我先生都有点洁癖，所以身边的朋友经常说"你们不能放松一点吗？"或者"舒缓一点地去享受人生吧"，但是……

中野　泡澡的时候也不允许自己放松吗？

内田　可以，所以我特别喜欢泡温泉，温泉是最能让我放松下来的地方。

中野　所以如果找不到可以让自己放松的地方，也许有的人就会向药物寻求帮助了。药物在起效的时候会令人兴奋，但是药效过了又会让人变得异常焦虑和不安，甚至连活到明天都成了困难的事。

所以，这样的人多半要么很依赖伴侣，要么不喝酒就不能自已。那时候的他们已经顾不上周围了，因为自己正处在地狱般的痛苦中。

内田　演艺圈到现在为止也已经有好几个人因此被捕了。每次一有这样的新闻出现，就会有媒体说既然完全摆脱药物这么难，那么为什么全社会不能给予这些人一些帮助呢？但现实是即便是家人、朋友，甚至负责康复训练的专业人士，都无法做到24 小时 365 天一刻不停的监护呀。

中野　而且即便是暂时停止了，但如果他的周围有人在吸，那么坚持停吸还是需要很大的努力的。他们中的很多人难得有那么棒的才华，真希望他们能用自己的才华被认可而获得的喜悦来填补内心的空虚，因为他们所从事的工作是普通人做不到的。

滥用药物、出轨和排斥

内田　一旦被捕，马上就会列出这个人的一系列恶行，比如他是家暴的施暴者呀，有着怎样怎样的人格呀，这种跟吸毒没有关系的事情也会被不断地爆料出来，这在某种意义上算是给人们的一种警示吗？

中野　我一直认为这类报道根本没有涉及问题的本质。某个人打破了常规，打破常规的结果就是比如家暴等，虽然不一定有触犯法律的层面，但是人们会去追究他过往的行为，然后再施以网络上恶毒阴险的抨击。我觉得现在的报道很容易造成这样的局面，不过这也不算多么反常的现象。

内田　是吗？我觉得现在的社会已经陷入你在书中所写的"正义中毒"里了。

中野　当然不是说药物是可以使用的，但是人类从历史上，不管东方还是西方一直都在重复着同样的事情：往抹大拉的马利亚[1]身上扔石头，排斥异教徒，排斥不从众的人。这些曾经被当作警示在很

1　抹大拉的马利亚（Mary Magdalene），在《圣经》中被描述为妓女的形象，她被耶稣所救，用忏悔的眼泪为耶稣洗脚，是耶稣身边不可或缺的亲密伴侣，但一直受到天主教会的批判。1896 年，一位德国学者在开罗发现了《马利亚福音书》，发现抹大拉的马利亚并非是什么妓女，于是真相从此大白，天主教会也于 1969 年解除了她的"忏悔"。

久以前就存在了，并不只属于现代。说得更深刻一点，日本其实是个社会性很强的国家，日本国民也遵守着很多社会规范。在这样的国家里，特别是有才能又颜值高的人，作为性伴侣也无可指摘。但是这样的人一旦打破了常规，那肯定是要被针对和抨击的，大众落井下石的愤恨之情也会一起叠加到他身上。

内田　是这样的心理啊。

中野　被肆意抨击的伊势谷也许的确可怜，但是我觉得他是一个缺乏远见的人，他完全没有预见到会出现这样的局面。作为一个公众人物，如果不了解这些，我觉得是他自身的责任。

内田　据说周围的人都知道他在用药这件事。

中野　即使不确定他一定在用药，但从他的神色表情上也应该略有觉察才对。不过，出轨也会受到来自社会大众的抨击。但如果你的朋友正在出轨，你应该不会跟他绝交吧，而是一般都会采取"这是你喜欢的，跟我无关"的态度，最多会说一句"我觉得还是停止更好吧"而已。

内田　因为这完全是个人的兴趣和嗜好的问

题，的确，我们一般不会仅仅因为出轨就从此不再跟这个人来往了。

中野 艺人一旦被发现出轨，他所参演的电影会不会被下架要视具体情况而定。但如果已经涉及吸毒，那么一定会遭到电影被下架以及广告被停播的处罚。如果从商业的立场出发，抱怨是可以理解的，但仅仅是从友人的角度出发的话，无论是吸毒还是出轨，你的态度真的会因此而发生那么大的转变吗？

内田 也就是说，能成为朋友的理由绝不只有一个，因为这个人还有其他方面的魅力，只不过其中的一个偶然成了让他中毒的东西。

中野 能够让他中毒的这个弱点，说不定会因你跟他的朋友关系而被缓和。说不定他跟你在一起的时候能够不吸，而当你离开以后他会变得更加不安，说不定会去寻求毒性更大的毒品呢。尽管和一个人做不做朋友不是靠这种理由来判断的。

内田 从商业角度看，比如任由他参演的作品被全部下架不见天日，那么其他人的劳动也付诸东流了。

中野　就是啊。所以我个人的看法是，让更多的人知道"这个人在演艺界如此这般活跃，却做了这样的事，太令人遗憾了"，电影该上映的还是允许上映。这样做是不是更有威慑力呢！

内田　那么，如果是犯了杀人罪的人呢？

中野　总体而言我觉得电影还是应该拿出来给大家看的立场。但是从电影发行方的角度来看，估计处理后续的投诉对于他们来说会是个很大的负担，从节约成本的角度考虑才做出了停止上映的选择。与其说是从伦理上来判断，不如说还是从成本上考量的。

结婚与"姓氏"

内田　我们差不多该开始讨论关于家人的话题了（笑）。

中野　是啊是啊（笑）。

内田　我想问你对于家庭制度的看法。首先，你当初结婚的时候改姓夫家的姓了吗？

中野 改了。家庭制度也好夫妻别姓也好，这些我当时都完全没考虑，只是单纯地觉得我先生的"中野"这个姓好像更适合我。

内田 是吗？其实我也没有过多地考虑过这个问题，我家的情况是我先生入赘了"内田"家。

别看我母亲看上去是个不太拘泥常识的人，但其实她的思想还是很传统的。她觉得自己既然成了内田家的媳妇，如果拒绝内田这个姓就很不合适，而且她也很喜欢内田家的我奶奶，也就是裕也的妈妈。不管怎样，她还是想跟养育了这么不好管教的儿子的母亲分担彼此所经历的辛苦的。

中野 原来如此。那一定是超出想象的不容易。

内田 再加上父亲的姐妹也都出嫁了，只剩下父亲一个人作为内田家的继承人了，因此母亲就会有很强烈的使命感。所以，母亲请求我先生："也哉子也是独生女，如果结婚的话你能继承内田家的姓就好了。"

而我先生本木家有三个儿子，他排行老二，当时大哥已经继承了本木姓，作为传宗接代继承人的孩子们也出生了，本木家的姓已经稳固了。所以我们都没有过多考虑，只是抱着"既然父母希望这样，那就这样也行"的单纯想法就让他入赘进来了内田家，但其实我先生的父母内心还是很难过的。我们俩在知道了他们很难过以后才意识到，原来"姓"是这么沉重的东西啊。

延续了十六代的"本木"家的姓

中野　我记得本木家是从事农业的对吧。

内田　是的。在同一个地方延续了十六代的农民之家。

中野　农民对于培育农作物的土地有着强烈的依恋，很多农民觉得土地跟自己有不可割舍的关系。因此农民家的传承也就是土地的传承，切断和土地的关系的同时必然会伴随着痛楚吧，更不用说已经传承了十六代的农民之家了。

内田　是啊。刚遇到这件事的时候，我们夫妻二人相视了一下，心里都在想"那可怎么办呢"，感觉自己做了很不好的事情。所以刚结婚的时候，他妈妈有时会不由自主地说出"雅弘已经不是我们家的孩子了"这样的话。无论我们怎么否定，她还是会说："改姓了就不是我们家的孩子了，孙子也成了外孙。"我相信她说这些话绝没有恶意，但带着一种划清界限的微妙语气。

所以，后来有一次我跟母亲说："已经改了一回内田家的姓了，可以了吧？我想变成本木的姓。"但是在经常去本木家的过程中，慢慢地我感觉到好像他们家对于这件事已经不那么在意了，我也就不再那么敏感了。

刚才听你说了以后我才意识到，农民之家对于土地的依恋和对于姓氏的依恋是存在关联的。

家庭制度、故土和激素

中野　自己出生的故乡对于人类是很重要的。人类对于土地的依恋与对于人的依恋程度几乎是同等的，或许前者还更甚。很不可思议吧，这个现象可以用激素来解释。

内田　幸福的荷尔蒙是吧。

中野　首先，为什么当你独自一人时会没有安全感，跟别人在一起时就会觉得很安心呢？那是因为跟别人在一起能提高生存的概率。如果敌人来了，可以一起作战，每人用一半的劳动力就可以解决问题了。在一起的时间越长，越会产生对和这个人一起生存下来的依赖感，也就越想在一起。也因此，大脑中的激素便开始起作用了。它会让你感觉到与对方之间的这种"纽带"，让你想更长时间地跟这个人在一起以提高生存的概率。

至于生存场所，也可以说是同样的逻辑。在一个地方住的时间越长，也就是说那个地方对于你来说越有可以生存下来的依赖感，会被深深地印刻在你的大脑中。如果是传承了十六代的农民之家，那也就是说从战国时代（1467—1615）就开始有了。

内田　可不是嘛。在他家的领地内安放着历代祖先的牌位。

中野 真不得了啊。估计已经延续了四五百年了。所以即便自己没有亲身经历过那么久远的岁月，但是在这种氛围下养育了孩子们，于是就会下意识地想"我们在这片土地上已经生活了很多年，这里对于我们是最安全的"，也就愈发地想继续在这里生存下去。这就是故土爱，对于故乡的爱。

生活在东京的人几乎都是从别的地方流入的，所以他们会觉得到哪儿都是一样的，这就和以土地为生存基础的人有所不同了。而到了我们俩这一代的东京人，更是已经变成了城市居民，对于家国故土这个概念，用大脑是可以理解的，但并没有什么切身的感受了。

内田 母亲常说她自己来自"无根野草的家"，所以她对于家还是有过憧憬的。本木家有着对于在同样的地方耕种生存了几百年的土地的尊重，我先生出生于这样一个家庭，却被迫来到了内田家。

中野 唉，也是啊。这里边还是会有些内心挣扎的吧。

内田 是啊。所以绝不是单纯的"本木改姓内田的姓了，真好"这么简单欢喜的事。我就这样花了二十五年的时间与本木家变得越来越亲密，在这个过程中逐渐建立起了他们对我的信任。偶尔的某个瞬间，本木的父母还对我说过"雅弘入赘到内田家还是挺好的"，把我感动得浑身颤抖。

中野　啊！多么感人啊。也就是说新的生活培养起来的牵绊关系战胜了对于土地的牵绊，意义深远啊。

内田　但是现实中非要拘泥于夫妻别姓的人应该也不少吧。无条件地接受夫家的姓，就等于是剥夺了女性的权利，不会有这样的说法吗？

中野　作为我自己来说，本来家的概念就已经瓦解了，姓什么姓对我丝毫没有任何的影响。从整个社会环境来看，女性这个角色所面临的现状也还是很严峻的。对于有经济基础的家庭来说，"媳妇"的任务基本上属于单纯的"外包"。说"除了生孩子以外……"可能有点过分，当然现在连生孩子也有"外包"的了。因此，就像"嫁"[1]这个字，是一个"女"字和一个"家"字的组合。但是在当今时代，这个字已经开始变得与实际情况不贴切了。

内田 开始我们夫妻也有这样的感觉。但当有人说"并不是这样的"时候，我们才意识到原来这个问题还是很严重的。

中野 是的，确实变得更多元了。特别注重"家庭"观念的人的心情也是可以理解的，但是在时代的变化中，传统的"家庭"结构就会慢慢变得不合理了。

家是贫困国家的育儿襁褓

内田 那么，包括"家庭"这个含义在内的"家人"，其今后的方向性，你是怎么思考的呢？

中野 它的平衡点会根据环境和条件有所变动。所谓环境和条件就是看贫富状况、自然灾害的

---

1 日语妻子的意思。

多寡以及人口密度等这些因素。日本自古以来沿袭下来的家的形式是否合适，在社会不断变化的今天，还单纯又固执地坚守古老的形式显然不是明智的选择。如果是在一个相对富饶、能放任孩子野蛮生长的温暖湿润的环境下，"家"其实是可以不存在的。如果在一个能让孩子野蛮生长的自由育儿的环境之下，是应该鼓励父母多生的。

内田 啊！还要生更多吗？

中野 如果仅仅从增加个体数量考虑的话，那么这是在丰厚的环境下进行繁殖的最舒适的状态。但日本其实并不是这样，因为要考虑到符合这个国家的人口规模。日本看上去是挺富裕的，但是耕种面积少，自然灾害多，资源也少，其实是属于潜在性贫困的国家。所谓的贫困环境，直接关系到不得不削减育儿的成本和时间等问题，这样的环境不可能让父母不顾孩子而专门从事生产，在孩子长到一定的年纪，可以自己觅食之前，都需要家人的参与。因此，在这期间大家需要在一个"襁褓"内努力，这就是"家"存在的意义。

如果是在贫困的环境下，那么这个襁褓存在的时间就会持续得很长。我觉得日本至今为止看上去好像挺富有的，而且很长时间都处于这样的状态，所以家的形式才坚挺地存续了这么久。

　　内田　观望整个现代社会，就这个观点来看，哪里算得上是富裕的国家呢？法国？

　　中野　从社会保障这一点上来看，法国现阶段的育儿资源还是很富裕的。虽然也会出现恐怖袭击，政局也不太稳定，但它不像日本是自然灾害大国。日本台风频繁，地震频发，从灾害的统计上看真是个不容易的国家。这样一来，日本人就没有时间不停地寻找伴侣，只好转变思路：不管怎么说先把孩子抚养长大吧。而在南欧，有数据显示，拥有"寻找伴侣"行为这一遗传基因的人有很多，因此也许南欧从这个层面上是属于富裕的。所谓的富裕，不是现在的经济状况，而是从历史上看这样的时代已经延续了几千年。今后日本会成为怎样的国家尚不能确定，而且气候的变化也是如此之大。

对于出轨的最合理的解释

内田　从伴侣关系的意义上来看，有人不是爱分成两种情况考虑吗？一种是看作为父母是否优秀，而另一种是仅仅看作为异性是否有吸引力。摆脱道德伦理的约束，其实人是容易厌倦的生物，因此说不定有不少人是希望频繁地更换伴侣的。你是怎么看待这个问题的呢？

中野　作为人类希望更换伴侣我倒不觉得有什么不自然的，只要是在常规之下的都是可以的。让你的行为不违反常规靠的是你的知性以及你的审慎。比如，人都会肚子饿，但是不能说因为肚子饿了，超市里卖的食物不付钱拿着就吃。那是不可能的，对吧。

内田　即使如此也要做，就变成了所谓的出轨。如果双方都认可是不是就可以了？

中野　是的。比如，可能会有这样的情况：你和在超市工作的人是朋友，他会告诉你超市里卖的食物"再过一小时就要被废弃了，可以吃了"。

内田 你举的例子总是这么有趣（笑）。

中野 在知道规则的基础上，做到不触犯它，或者尽管已经触犯了，尽量做到不给更多的人带来不快感，这些靠的都是智慧。

内田 之前咱们假设过，如果你知道你先生有女朋友，而且这位女生还很有趣，你会觉得"真不愧是我老公看上的人"，那个说话架势感觉你当真是可以接受的（笑）。

中野 我觉得（就日本而言）只要是在家庭内部处理好了就可以。如果传得满世界都知道，还听到了来自家庭以外的噪音，影响到工作就不好了。

内田 如果只是"玩一玩"呢？

中野 只是玩玩的话，尽可能地当它没发生过，或者不要给对方造成伤害。对周围的人呢，你只需要抹稀泥地说"你们说什么呢？没有的事"就好了。

内田 看得出来你先生对你的重要性，你不想因为这样的事情破坏了你们的关系。

中野 现在我感觉，所谓夫妻，不仅仅只需要有谈情说爱，还需要有一些更高层次的东西，就是所谓的"牵绊"吧。如果你的丈夫是个从人格上不能让你尊重的人，那么就只有选择离婚说再见了。

　　内田　因为尊重自己的先生，就会判断所犯的事情是不是到了要离婚的那一步，具体案例还是要具体分析吧。

　　中野　其实我想一下，还是有"好的解答"的。总的来说，我一直都在接受着我先生的照顾，所以我也希望让他活得舒服。

　　内田　这是真爱啊（笑）。

　　中野　我会跟他说，不要让周刊杂志捉到现行哈（笑）。

　　内田　这么说他不受伤吗？

　　中野　我跟我先生之间现在已经基本上像是朋友的关系了。如果彼此还有许多激情的话，应该会说"坚决不允许！"我们的激情和能量已经蒸发掉一些了（笑）。

给夫妻和家人适度的逆境

内田 你的工作生活圈基本上以东京为主，而你先生以大阪为主，即便结婚了感觉好像还是在异地恋。但是不是正因为有了距离，男女之间就能保持一定的新鲜感呢？

中野 他去大阪一段时间以后回来，我看他就会重新觉得"还是很帅啊""身材真好呀"（笑）。

内田 真的吗！太美好了。

中野 欸？也哉子你也会有这样的时候吧？

内田 没有没有（笑）。

中野 欸？不可能吧，本木先生多帅啊！你不觉得他特别棒吗？

内田 已经看够了，没有什么感觉了。

不只是针对男女关系，在对于人类厌倦这一点上，我想问脑科学领域中有没有什么能够激活大脑的方法呢？

中野 这个嘛，最好的办法就是保持距离。你自己可以去权衡一下，是希望通过保持距离而拥有新鲜感，还是想让关系更亲密而加深牵绊，就看你如何选择了。对我来说，最合适的就是见面次数有限的周末婚。这么说来，你还记得上初中高中时寄宿学校的经历吧？

内田　对对。真是受够了每天见面。

中野　偶尔会有"请让我一个人待一会儿"的念头吧。如果只是周末过宿舍生活的话就会很快乐。你会乐乐呵呵地吃饭，然后玩玩游戏。

人与自己的独处是很重要的。如果不能让自己一个人的时间过得充实，人甚至会感到不安。或者，有些人不够自爱，就很容易向毒品寻求寄托。

内田　啊！话题又回来了（笑）。这时候最容易向毒品寻求内心的平静。

总的来说，人类为了生存需要克服各种各样的困难，于是就会用这样的方式来使自己得到安心和安全感。

中野　是的是的，人类是在寻找安全的空间。但是为了寻找这些，就必定会有使其"不安"的动机，这时候也可以去兜风，寻找让自己安心的场所呀。

内田 原来如此。看来夫妻、家人之间适度的"逆境"还是很重要的，这个还是需要些秘诀的。这又让我想到了我的父母，他们之间何止是适度的"逆境"，简直就是狂风大作。

第六章　What is Happiness？

经常看到关于离婚原因的关键词：价值观不同。价值观完全一致的夫妻到底存不存在呢？她们二人都认为自己的丈夫不是外界所想象的那种"幸福的形式"。于是，在第五次对谈的后半部分，两个人开启的话题便是：即使这样也要继续做家人吗？

用微分学来了解幸福的形式

内田　跟你的对谈今天就是最后一次了。我们就这样聊着家的话题，让我有了思考自己人生的机会。我们最后的对谈要探讨的是，对人类来说怎样才是最幸福的。当然，每个人都会有不同的结论，我很想听听你认为的幸福的形式是什么样的。

中野 我觉得是微分。

内田 微分？数学的微分吗？我不会（笑）。

中野 没关系，很简单。让我们用图表来说明一下（请参照155页的"幸福图表"）。这个表要说明的是幸福不是绝对量的。什么"在哪方面是第一"，什么"比谁更幸福"，所谓的幸福需要跟某些事物对比，否则是看不出来的。人或许已经愚蠢到了没有比较就不知如何是好的地步了，要么频繁地跟别人对比，要么"跟从前的自己对比"，这就是微分。说得再简单一点，其实就是变化量的问题。比如，A出生的时候拥有+100，随着他的成长，可能其幸福指数会一点一点地减少，到了80岁，可能就变成0了。所以你会觉得A是幸福的吗？

内田 不觉得，因为一直在减少呀。

中野 是吧。他出生的时候也许引来过很多羡慕的目光。比如你跟他在同是10岁，上小学的时候相遇了，在你看来也许"这个人颜值高，很优秀，

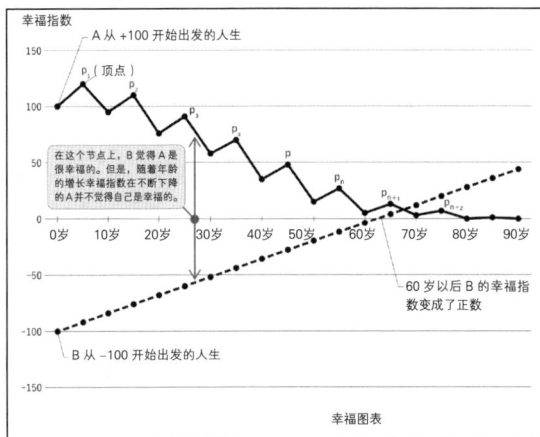

幸福图表

有才华，家境好，体育万能，真让人羡慕啊"。但是如果之后他有了不幸的趋势，你就会觉得"他怎么这么不幸呢"。

而另一方面，从出生开始就是 –100 的 B，他的幸福指数在随后的人生中一点点地增加，过了 60 岁以后幸福指数变成 +（正数）了，接着在不到 70 岁的时候甚至还超过了 A，而且还在继续不断地增长中。

内田　这是不错的人生。

中野　最终你会觉得 B 赢了吧。右边这个向上倾斜的程度也就是我们感觉到"幸福"的程度。人生一世都会有或多或少的高山和低谷，在走下坡路的时候谁都会感到不安。同时，你感到幸福的时候可能并不是如图表上 P 点的位置，而是在去往 P 点攀爬的途中。也就是说，是当你朝着目标往上努力的时候，当倾斜角度变成 +（正数）的时候。

内田　只要下降了一点点，就是负的，就会觉得很难过。出发的时候越是正的就越不容易啊。

释迦牟尼佛只看到了下降的人生吗？

中野　我觉得出身于贵族或者皇家其实真是挺不容易的，最典型的例子应该就是释迦牟尼了吧。他出身于皇家，但是因为头脑太聪明，加上很小就遭遇了母亲的去世，他的人生也许日后都是下坡路了。但是他从幼年时期就对人的生老病死产生了兴趣，他一定思考了很多的问题。

内田　所以他才踏上了看上去不可能实现的

旅程。

中野　我们没有遇到这种让我们深刻思考的机会。我们总在拿现在的自己跟从前的自己相比较，当拿自己和他人相比较的时候又总是痛苦异常。看到他人在出生的时候就是含着金钥匙，也就是+100的状态，就顿生羡慕之心，心理不平衡，甚至犯下无差别杀人的罪行。而当见到-100的人，又会说"那种人没有生存的价值"，对其采取虐待狂般的歧视。但我想说，我们不应该这样比较，而应该把自己在努力活着这件事当作一种幸福。

内田　跟别人相比没有任何意义这一点，通过这个图表一目了然。

中野　但令人悲哀的是，人总是在通过比较去判断自我的价值。当相比较的对象中了十万日元的彩票，他就会想，为什么我中不了呢，就好像损失了十万日元一样的心态。这也是通过实验证实过的。

内田　这么说来，我想起母亲常说的一句话"忙里偷闲是最幸福的"。如果一直都很忙会觉得很痛苦，一直都闲着也同样很痛苦，忙碌中那片刻的闲暇时光才是至高无上的。

中野 真不愧是希林啊，懂得这种繁忙中瞬间的幸福。

内田 不仅仅是图表所显示的这样，其实生活中也不仅仅是 A 和 B 这两种人，每个人都有属于自己的图表。假如从负值出发，或是身处谷底，你就要想不久就会上来的，所以还是应该感受得到幸福才对。

中野 这个是很关键的。我希望那些当下正处在不幸中的人，你就想"我马上就要好起来了"。因为幸福的绝对值是无法衡量的，我们的大脑只能检测出数值的变化和差异。了解测出数值差异的原理会让你轻松很多，我希望大家能知道这一点。

中野信子和本木雅弘都是从自我否定开始的

内田 你有过感受到这种差异的时候吗？

中野 有啊。事情不顺利的时候，看不到希望和不知所措的时候。然后我就会给自己打气"现在开始要反弹上升了"，就会获得很特别的宽慰感。另外，就我而言的话，有时我也会把"我是一个又阴暗又冷淡让人讨厌的人"这件事以反向思维去处理，自己觉得"这不是也挺好嘛"。我觉得自己的悲观思维更真实，相比起幸福快乐到雀跃的性格，我更喜欢现在这样的自己。

内田　啊！跟我先生一样。

中野　原来本木先生也是这样的性格啊。

内田　他这个倾向还挺明显的。属于悲观地看待事物的那种，但是他好像并不讨厌自己的这种性格。

中野　相反还挺喜欢呢，就好像喜欢苦咖啡一样的感觉，会给人带来很痛苦的一面，但是如果没有又会觉得没意思。

内田　还真是这样。从某种意义上这也可以解释成是积极的，当负面情绪从谷底往上走的时候也就变成积极的了。

中野　还真说不定呢。如果从下沉的地方往上看，也许就会喜欢那个景色。真开心，你能把那个图表解读得这么透彻。

内田 我先生负面情绪特别重，我有时会被他拽下去。其实我是表面看上去很积极，正能量满满的那种人，但他是属于先从自我否定开始的那种。你不会也爱自我否定吧？

中野 我特别爱。我经常会提醒自己"这样不行，这样完全不行"，但是这个正像你分析的那样，可以理解成是先下到谷底再上来的一种策略。

内田 那是不是我不用去管他这种负面的思维呢？

中野 他的这种负面思维不是已经转换成很棒的演技了吗？比如2015年的电影《天空之蜂》，他在里面就演得特别好。因为我是学科学出身，这个电影是围绕着核电站展开的悬疑片，我非常有兴趣，还是专门跑去电影院看的。去之前不知道谁是主演，去了才知道是本木先生。我记得我当时很兴奋，心想："本木先生的演技真是太棒了！完全看不出来他曾经还是爱豆呢！竟然已经变成了这么厉害的演技派演员……"片中他饰演的是一个悲剧性角色。

另外同一年上映的另一部他主演的电影《日本最长的一天》也非常棒。

内田　他演的是昭和天皇。这个你也看了？

中野　我完全没有奉承你的意思，我真的是这样想的，真的非常棒。当时我还边看边感慨地想，这个人作为演员真是储备了很多的能量啊。所以说不定，正是因为他的负面思维都朝着好的方向发力了。

内田　但是作为在同一个屋檐下生活的人，我是属于希望对方可以跟自己产生共鸣的那种。比如我说"可可牛奶真好喝呀"，如果对方说"就是啊"，那马上就有了共鸣，但是他会说"如果放了肉桂粉可能就更好了"。当然这倒也没什么大碍，只是感觉中间被阻隔了一下，然后节奏就被打乱了。但他的解释是，如果有人说好几遍"真好喝，真好喝"，反而会让我怀疑"真有那么好喝吗？"他说他想用自己的感受去体会是不是真的好喝。

中野　是啊。

内田　如果别人说的没有达到自己的预期会很

失落。但是我觉得要是总那样想的话，永远都不会有幸福的心情了。所以，我总是努力诱导他变得乐观一点，但是很难做到。

即使身处幸福的顶峰也没有安全感的日本人

中野 真是没办法啊（笑），这种类型的人……我倒还没到这种程度，不过的确有这种倾向。这里的 P 点的状态是很不快乐的。

内田 虽然已经到达幸福图表的顶峰，但一想到"现在已经是顶峰了"，反而会坐立不安起来。

中野 考试或者体育比赛如果得了第一名就会非常不安，马上会想下一次肯定就不行了。

内田 这种思维跟本木完全一样。即使获了奖，他却连一秒钟的"太好了"的兴奋都没有，当有人赞扬他的时候，虽然他也会质朴地马上回答"谢谢"，但是内心丝毫没有被喜悦所浸润。

中野 我非常能理解。他们其实内心并不高兴，心里会想"这只不过是一时的评价而已"。

内田　哇！太难受了吧！偶尔表扬一下自己又怎么了（笑）。

中野　是啊。让他偶尔练习一下表扬自己（笑）。不过，从下坡或者谷底看自己的不足之处，意识到自己"我现在有点不足啊"也挺好的。其实也可以尝试着去想"只要把这个毛病改了我会有比现在更大的进步"。但是我倒是很喜欢这种自省的感觉，对我来说最幸福。我并不想达到目标时有那种"这趟旅行就到此为止了吗"的失落感和寂寥感，就像一想到跟你的这场对谈今天就将要结束了，我就会油然而生出不舍之感一样。

内田　啊！我也很舍不得。总之，我看到我先生很难受的样子，就会跟他说"一起快乐起来嘛"，希望他能向我的乐观靠近一些，但根本没用。哎呀！这是为什么呢？劝不动他的时候我也很有挫败感。但是一想到就像你说的，他也许从此会有更大的进步就干脆不管他了。所以像我这样，有了一点成绩就会"啊！真好啊"，然后就会很满足地到此为止的人，大概从此也不会有什么大的进步了。

中野　不会的，你不用担心。其实在人类的战略里，多样化这一点是很重要的，有各种各样的人多好啊。正因为有人在顶峰的时候可以感受"啊！太好了"，才会有那些觉得"不太好"的人的价值体现。顺便说一下，我先生也跟你一样是可以在顶峰很自然地说出"啊！太好了"的人，而且他只会想到这个。

内田　我也觉得他一定是这样的人（笑）。

中野　其实这在日本人里是很少见的一类。日本人是属于身处顶峰的时候马上就会担心的那种类型。抽签抽到大吉的时候，马上就会有"欸？好运已经用完了"的感觉，整个人都忧郁下来。我很难受的时候也是……

内田　你先生会把你从不好的状态中拉出来吗？

中野　假如这里是他的肚子，我会去做类似抚摸一下他肚子的行为，那样可能会让我的心安静下来。

内田　抚摸肚子啊（笑）。他不会使劲把你拽上

164

来吗？

中野　不会不会，他不是那样的人。之前我给你展示的图表是平面的吧，我先生完全是生活在另一个时空的人，可能只有用 3D 才能描述清楚。我们之间有一种我只要意识到他在那里就会很安心的感觉。

你为什么要改变我？

内田　虽然通过图表了解了跟别人相比较其实是毫无意义的，但是没有比较就不会知道自己的位置，这很矛盾啊！

中野　的确人类一直都处在矛盾中，但会不会正是因为有了这种矛盾人才会变得更好呢？因为矛盾才会诞生出新的东西，人类才不会终结，而不终结的这种循环就是生命本身吧。

内田　这是正向的矛盾。我先生跟我正相反，我有时会不知不觉地被他拉下去，而他并不知道自己正把我往负面情绪里拉。那么你是怎样的呢？

中野 刚结婚的时候，我会问我先生："为什么你不能像我一样呢？"

内田 很有意思的提问。

中野 他回答："为什么你不能让自己变成一个朝着正向努力的人呢？"我坚信通过训练自我让自己变得更强大，去实现更高的目标，这才是我的价值。看到他并不是这样，我就会想："为什么这个人不像我这样呢？所以他就是不行。"为此我还跟他争论过。不，准确地说倒也不是争论，都是我单方面一直在说。然后，他就会说："假如这里是花田，你为什么非要在那里玩儿呢？所以为什么要改变我呢？"也的确是这样啊。有人对征服了众多国家的亚历山大大帝提问："这之后你打算做什么呢？"他回答："到那时就休息一下吧，做我自己喜欢的事。"那人又问："为什么现在不这样做呢？"这是一个有名的故事。

内田 啊，跟你先生一样啊！

中野 是的。现在可以休息了，虽然也想将欣赏花田融入自己的生活中，但正是因为知道有朝着目标努力的乐趣，所以我才停不下来。

　　内田　那，是不是当过度努力的时候，可以有缓有急，在那个瞬间停下来享受享受更好呢？

　　中野　是的，所以我从我先生身上学到了很多。这个跟恋爱又不同，能够有这样的学习，我觉得这就是婚姻的好处吧。

　　内田　我也会像你先生那样劝我家那位。但即使我跟他说："这不是很好吗？先享受一下此刻的幸福嘛。"他还是会说："不不，不要这样强加给我。"一点都不可爱，是吧。

　　中野　（笑）我先生也会跟我说："为什么你非要改变我呢？"这跟本木先生说的一样啊。

只对最亲近的人沮丧

　　内田　那你们两人吵架从来不会升级吧？

　　中野　常常是我挑起事端想让争吵升级，但是他不接招，所以根本吵不起来。我真是服了，也许这就是人品。如果他不是这样的人，可能我的婚姻生活也不会持久。

他的家人也都是很稳重又温和的人。我觉得他更像他那活到 102 岁的祖父，正是这种慢悠悠的性格，才让他如此长寿。

内田　常说呼吸快的动物会早死，我们一定要慢慢地呼吸，活到 102 岁啊（笑）。

跟这个完全相反的就是我父亲。偶尔来家里一下，连 90 秒的安静都做不到。经常就会哇哇地嚷嚷，他的大脑回路一定很短（笑）。

中野　真有意思！抱歉，不能说有意思。我父亲也是属于这种一触即发型的。

内田　这种经常处于一触即发状态的人，从脑科学的角度看是怎么一回事呢？

中野　大脑中有检测是否矛盾、是否错误这种类似天线一样的地方，拥有这种性格的人可能这根天线过于敏感了。

内田　有没有把它变得迟钝一些的办法呢？

中野　变得迟钝可能比较困难，因为那样的话他们对于亲近的人可能会增加敏感度，变得更敏锐。前面我们聊到过希林和裕也的母亲分享彼此的辛苦，有这样的人作为家人一定会很辛苦。我的父亲对待家人也是很暴躁的，但是对于毫无关系的外人能表现出很温和的一面。

内田　是吧。看来他是分开使用的，给家人看的是毫无掩饰的自己，而对外人展示的又是温和的自己。他是在用社会性这个视点俯瞰，所以是可以进行开关切换的。像我父亲这样无论是在家还是在外都一成不变地哇哇地大喊大叫的人，是不是掉了什么零件？难道是哪里的螺丝松了？

中野　他可能没有所谓内外的考量，跟谁都成为不了很近的人，但对谁又都是平等的。在这一点上，可以说他跟谁都很近，同时跟谁又都有一定的距离感。

内田　现在想来，我母亲其实也是这种人，不会因为对方是谁而改变。上一次（第四章）我们谈到每个人都会扮演很多的角色。像她这样死活都不改变的也许也算是一种角色吧。

中野　也许是，也很像是一种修行。

内田　真的，很像是在修行，但改变一下不是更轻松吗？

中野　我在希林身上能感受到佛教的气息。普通人如果不是用很强烈的"不改变"的意识去控制自己的话，可能很容易就改变了，所以"不变"也许就是她强加给自己的修行。

内田　在她的心里可能有"我要这么活"的信念，虽然给家人带来了很多的麻烦（笑）。

给执着于外貌的丈夫

内田　本木很难得地接受了 NHK 纪录片节目《专业的现场》为期半年的随行记录的拍摄。拍摄团队一直跟着从大河剧《麒麟来了》的拍摄现场到我们东京的家再到伦敦的家，甚至他最后在镜头前还蹦极了。节目的播出时间是 2020 年 3 月，连他本人向导演和摄影师建议"是从这个角度拍摄吗"的内容都播出了。看了节目的朋友们都说，这个纪录片原本拍摄的应该是他平时的状态，可他就连日常也好像是在饰演虚构的角色（笑）。总之他是个特别拘泥于"要这样表现自己""外表要保持这样"的人。对演戏也是一样，有时候虽然自己全身心地投入了，但是并没有传递到观众那里，他就会格外在意。当然，这个跟所谓的"美"又是不同的。

中野　不是吧，我觉得应该是一样的。

内田　是吗？一样的吗？这也是我很纠结的地方。因为我是属于和他完全相反的，对所谓的美呀外貌呀这些不会倾注太多的精力，所以看到他为此而倾注了那么多的精力，我就马上想说"轻松一点不好吗？"但是又一想，一定只是在外人看来很痛苦而已，而他恰恰就是喜欢为此投入精力的自己吧。

中野　没准真就是这样呢。

"美丽"和"正确"是在大脑的同一个区域进行判断的

内田　表演出来的和美丑有关系吗？

中野　有的，为什么从事"传达"工作的人会这么在意美丑呢？因为美丑能影响人们去判断对方正确与否。在大脑中，关于正确和错误的认知与关于美丑认知的位置几乎是一样的，就是内侧前额叶皮层这个位置。

内田 也就是说我先生是经常使用那个部位的人，对吧。但是同是以演员为职业的我母亲就正好相反，她是属于完全不在乎的人。看来每个人对于什么是美的判断也各不相同。

中野 可能希林将美的标准放置的场所跟常人不一样。她的标准可能不是放在颜值上，而是行为举止上。对她来说，行为举止比颜值更有分量，行为一美起来，颜值就不足为重了。她用这个原理，来表现自己的存在感，我在看她的电影时就觉得她在这一点上非常棒，这样的演员并不多啊。

内田 我们在家里，有时母亲会跟本木说些什么，本木总是习惯性地回答："不，树木女士你很好啊。"（笑）或者说："树木女士你就像现在这样就很好。你看我这样一个又狭隘又小气的人，不是也还在这里（演艺圈）吗？"

中野　因为你先生是爱豆出身，一开始的商业模式就是靠颜值给大众留下深刻印象。但是当作为演员继续发展的时候，随着年龄的增长，会在中途某个时间点扔掉那样的商业模式。可以说终极理想的形式就是树木希林这样的演员了。因为家人中已经有了这样终极的人存在，所以他才会很纠结吧。

当然，作为演员怎么样才算美，以及随着年龄的增长，这个美在各个年龄阶段该以什么样的比例来分配，这些都是需要演员自己反复尝试的。再加上还要因角色的不同改变自我，太漂亮了会被认为没有分量，这些都需要很好地衡量和计算。不过，计算出来后最终落在什么地方，对于他来说也许还没有找到结论。

内田　所以要花很长的时间。年龄越大，考虑得越多，要是能变轻松还好，但我觉得反倒是越来越沉重了。

中野　的确年龄越大越不容易，对于本来就拥有很好容貌的人就更不容易了。即使是女演员也一样，随着年龄的增长会变得令人乏味，有时候我都会想，她们还有没有魅力。尤其本来是美女的那种演员，就感觉损失真大。

内田　本身就是美女，又拥有非凡演技和魅力的女演员，真的有吗？

中野　应该也有不少吧。我喜欢木村佳乃，长得很美，而且表情很厉害，演技也很有魄力。她主演的电影《蛇少女》非常好。还有就是刚出道时的安吉丽娜·朱莉也是，拥有魔鬼般的魄力，虽然很恐怖，但是我特别喜欢。

内田　美和恐怖？

中野　是的。准确地讲应该是 intensity，也就是美、坚强和激烈吧。

内田　原来如此。也许英文的 intensity 更容易突出美的部分。

中野　我觉得伊势谷友介也是可以做到这样的人。一想到以后看不到他真是挺遗憾的……

内田　像我这样不太注重美的人，是不是不常用内侧前额叶皮层呢？

中野　你一定是把重点放到别的地方了。比如，你更注重轻松，把重点放在了行动上。当看到对此时有抵触且禁欲系的你先生时，你可能会觉得"不该是这样吧？"但其实他只不过是跟你采取了不一样的战术而已。所以，你也不必想太多，轻松地想"原来你是这样的战术啊"，然后一笑而过就好了。

内田　我总是想跟他争论，也许我不该把这个归罪于从父母那里继承来的 DNA，但就是想争吵。

中野　这不也是一种交流的方式吗……

内田　母亲看到那么纠结的本木，就会跟他说："美是一种才能。我就是倒立也不可能变成你这样啊。"其实他本人并不觉得自己美，我因为看得时间长了，也不觉得了。

中野　不不，还是很美的。

内田　母亲说过："你只要好好地对待你这独特的气质就好了。"她自己好像也曾经在哪里写过："我很早就发现自己很丑，这对我后面的人生起到了很大的作用。"

中野　不想改变自己与生俱来的东西。我觉得她是特别东洋式的思维，不像被西方文化浸润很久的我们常常想改变自己，或者用化妆来掩盖不足之处。这点在她身上就完全没有。

树木希林对美女演员必问的问题

内田 但是她对于别人整形啊戴假发啊这些充满了兴趣。要说这是为什么，我觉得可能是那些要隐藏本来自我的人，他们羞耻的心理状态触发了她的好奇。为什么越是漂亮的人越要整容呢？她有一种对这类人的心理很好奇的坏毛病。所以一看到女演员上来就会问人家："你真的没整吗？是不是太漂亮了。"但是如果对方马上回答"是的，整了"，她又会觉得没意思。

中野 那像"你是不是跟你的经纪人好上了"之类的事呢？

内田 那真是太喜欢问了。

中野 她就是对别人想要隐瞒的事情感兴趣。

内田 准确地说是对"如何隐瞒"特别感兴趣，然后把这些心理活动都用在演戏上了。她总是在观察"原来人在遇到这种场合的时候会有这样的反应啊"。

非常感谢你能跟我进行五次长时间的对谈，在你这里我真的学到了很多的东西。今天，可以说我被微分拯救了，这让我很吃惊。它让我改变了对我先生的看法，我本来只是觉得他很负面，但换个角度看其实他也是很正能量的人。

中野　我也很感谢你，你"享受当下"的心态，特别令我敬佩。你和我先生，你先生和我，这种相似的组合，真是太有趣了。

内田　这个幸福的图表是你想出来的吗？

中野　是的。我是不是应该把这个做成艺术品？

内田　对哦，你还是艺大在校生呢。我想给这个作品起个名字，就叫"*What is Happiness?*（什么是幸福）"如何？

中野　真好啊！这个图表是不挑人的，谁都可以让它成为属于自己的独一无二的图表。大家可以用自己描画出的图表来检测自己的幸福度，然后好好地活着。

第七章　家的形状不规则也没关系？

2021 年 4 月 11 日，为庆祝内田也哉子和中野信子合著的新书《还能做家人吗？》（文艺春秋）出版，我们通过 Zoom 网络研讨会和 YouTube 现场直播的形式举办了一场线上活动，活动共有 1800 余人参加。

内田也哉子和中野信子对"育儿"问题的回答——"我的孩子不喜欢工作，且跟我水火不容，让我很为难……"

自首次对话一年零四个月之后的集大成

中野 非常感谢各位的收看与参与。我想有的朋友可能已经买过文春的新书《还能做家人吗？》了，也有的朋友可能在书店或者网上看到过。今天，为了纪念这本书的出版，也哉子和我，中野信子，将为大家带来两个小时的对谈，敬请大家参与。这是我们两个人自首次对话以来时隔一年零四个月的集大成。

内田 我叫内田也哉子，很高兴见到大家。我很紧张，但我也非常期待来这里跟大家见面。我与中野信子女士第一次见面是在 2020 年 1 月，也就是一年零四个月前。2018 年我的母亲树木希林去世了。之后不久在横滨崇光美术馆做树木希林展的时候，恰逢《周刊文春 WOMAN》创刊一周年，于是我们就在横滨做了一场名为"周刊文春 WOMAN 遇见树木希林"的脱口秀。因为我和中野女士自《周刊文春 WOMAN》创刊号开始就分别在杂志上拥有各自的连载专栏，所以如果要选择一个对谈人，我很希望能与中野女士进行对谈，这是我一直以来的愿望，这个愿望也顺利实现了。

中野 太荣幸了。

内田 所以我们初次见面那天就在500多名观众面前做了现场对谈。

中野 而且几乎没有提前对稿，都是现场即兴完成的。

内田 后来，随着时间的推移，我们两人又在餐厅或咖啡馆见面，在编辑不在场的情况下又进行了几次对谈。

中野 我们进行了一系列的对话，那些对话的精华都被编入了这本书中。

内田 是的，有些谈话的内容发表在《周刊文春WOMAN》的杂志上了，有些谈话是专门为了这本书而进行的。因此，这本书可以说是集合了所有谈话的精髓。今天，有幸收到了很多提前报名的朋友的提问，我们会对这些问题进行作答。本来，这本书更像是我一个人将困扰自己多年的烦恼向中野女士倾诉，而她则从她渊博的知识中给了我这样或那样的解答，看起来很像禅宗世界中的问答（笑）。

中野　是不是很像"作么生"或者"说破"[1]那样（笑）。

说话方式很相似的两个人

内田　现在让我们开始回答问题吧。第一个问题来自一位 40 多岁的女士。

> 提问：是什么促使你们俩出版了这本书呢？你们之间相似的地方和不同的地方是什么呢？

内田　我刚才已经说过了促使我们出书的契机，那么中野女士，你觉得我们之间相同的地方和不同的地方是什么呢？

中野　如果说我和也哉子有什么相似之处，我觉得非常不敢当，也显得很冒昧，但我经常被人说

1　作么生，意为干吗？做什么？为禅宗问答时催促对方回答时的语气。黄檗断际禅师《传心法要》："分明向你道尔焰识，你作么生拟断他？"

我们俩人的说话方式很相似。

内田 欸？我觉得你说话没有我慢。

中野 不不，我觉得我说话也很慢。因为我很重视词语的选择，所以说话的时候总是会挑选词语，要花很长时间来搜索，因此时间上可能差不多。我想我们在都很珍视文字这一点上可能比较相似吧，但我更喜欢也哉子你的用词。

内田 跟头脑这么清晰的人拥有相同的寻找词语的速度，这不大可能吧（笑）。但是听你这么说，我倒是很高兴。那么，我们有什么不同呢？

虽然我们是同龄人，但我们做事的结果是不同的（笑）

中野 如果非要说有什么不同，我会说可能是你的成长经历吧。就像前几天本木雅弘先生在《人生最棒的餐厅》（TBS 电视台综艺节目）上说的，你从小就非常自信。我认为，这种处变不惊，在各种情况下都能不被左右，相信自己就在这里的感觉，是你最有魅力的地方。而我，直到 40 多岁，才终于开始明白自己应该是什么样的。

内田　那是因为我做事慢，解决问题也慢，只是坐在那里在想，才看起来显得傲慢又专横（笑）。我倒是觉得，虽然我和你是同龄人（同年上学），我们的工作能力却如此大相径庭。

中野　工作能力吗？

内田　随着我们两人谈话的不断深入，我发现其实每个人从小都经历过各种各样的困难，而你则是很早就意识到了无论自己是"幸运"还是"不幸"，终究"我们都是孤独的人"这一点。因此，在考虑自己究竟想要什么样的生活时，你选择了"学习"，通过学习把对自己来说艰难的事情化作了精神的食粮，让自己的生活变得有趣而愉快，这是一种多么了不起的才能呐。而且，你在不断深入"学习"的过程中获得各种知识，并以出版书籍和其他的输出形式与人分享。但我认为你最酷的地方还是，你从不把自己身上那些负面的部分归咎于他人。与其归罪于他人，还不如自己想明白。既然来到了这个世界上，那就让自己拥有更多的兴趣。结果你既有了很多的兴趣爱好，又能对某一件事钻研得很深，这种克服逆境的生活方式真是难能可贵呀。

中野 你把我说得这么好，真是太难为情了。不怪罪别人听起来当然很美好，但实际上，责怪别人是既高成本又低效率的一件事。

内田 （笑）我就喜欢你这种说话方式。

中野 因为你责怪别人，除非那个人会改变，否则你的处境也不可能改变。改变自己比改变别人更快，责怪自己才是解决问题的捷径。所以我意识到，责怪他人并不是一个很好的"解决方案"，因为它的成本太高了。

如果换个角度思考，柠檬都有可能是甜的

内田 你这一点跟我母亲的想法完全一致。当我与人相处遇到困难或问题的时候，她就会对我说："既然你无法改变别人，那最终还是要靠你自己去改变那个状况。"一般这时候我就只是说："虽然说是这么说，但是……"中野女士，我佩服的就是你在这点上有一种惊人的才能,很早就明白了需要改变看待事物的方式并改变自己。

中野 我想我骨子里应该属于比较懒惰的那种。当你改变看待事物的方式时,可能就连柠檬也会觉得是甜的了。

内田 超现实(笑)!柠檬是甜的!

中野 总之在这样处理事情的过程中就感觉自己也长大了。

内田 我不是想转移注意力,只是很自然地觉得你特别善于找到自己真正喜欢的东西。

中野 有时候我会觉得,如果不享受当下就是损失。当然,我也有过被很多事情困扰和烦恼的时候,但如果那段烦恼的时光能成为日后的食粮,我觉得也不失为一件好事。但如果你在烦恼中度过的时光是一段腐烂和崩溃的时光,那我觉得用有趣的方式度过不是更好更值得吗?

我们彼此尊重

内田 你是什么时候意识到这一点的？

中野 大概 30 岁左右吧。

内田 30 岁左右，正如这本书中所写，你在完成了大学和研究生的学业以及在法国的博士后的工作后，感觉自己已经消耗殆尽了。就是在你三十二三岁的时候吧？那时候你突然想到：啊，这之后我还有五十年的时间呢！

中野 是的，我觉得我还有五十多年的时间呢（笑）。

内田 这种"我的人生还绰绰有余呢"的说法非常有趣（笑）。你看问题的角度总是 360° 全方位的，或者说是鸟瞰式的，而我往往被囚困在一个问题中，僵在原地。你会像菩萨一样地看着我。

中野 （笑）哪里哪里，不是这样的。

内田 我觉得你是一位能够利用脑科学的方法帮助人们放松头脑，并为他们提示解决问题的方案的人。

中野　不敢当不敢当。

内田　我并不是捧杀你，的确是事实。所以，虽然我们之间有很多不同之处，但我还是觉得对你有亲近之感。

中野　我觉得我们属于互相尊重。

内田　非常感谢。现在让我们进入第二个问题吧。

提问：【来自一位 50 多岁的女士】我正在被我的家庭关系所困扰。我和孩子们的关系很不融洽，和最小的孩子（20 岁）相处得很好，但不知为什么就是和老大的关系……每天一想到这个，我就头疼。我也明白我跟孩子们的思维模式是不同的，也理解即便是父母，也不该把自己的想法强加给孩子。老大认为依赖别人的生活很轻松，他不喜欢工作，觉得什么都不做躺平很安全。现在社会上又流行什么"不能做任何否定一个人的事情"，好像是让做父母的什么都不要说，所以导致我很痛苦。

我的问题是：你们是如何让自己接受和消化家庭成员之间性格迥然各异这个事实的呢？请告诉我要有哪些要注意的，我将不胜感激。

内田　话题转变成人生咨询了。

中野　可不是嘛，也哉子你怎么看这个问题呢？

内田　无法与自己的孩子沟通这的确是一个很严重的问题。与这位提问者一样，我自己也有三个孩子，长子 23 岁，女儿 21 岁，小儿子 11 岁。他们虽说来自相同的父母，但每个人又完全不同。我跟他们之间也并非有百分百的契合度，比如有的时候我跟这个孩子很容易沟通，但和那个孩子就不行。不过，在经历了二十三年的育儿之后我渐渐觉得，尽管你们是母子父子的关系，但还是要把彼此当成独立的个体看待，然后去享受这种不同并对它产生兴趣。

固有观念瞬间就会瓦解

中野　契合度很重要啊。父母也不是圣人和君子，难免会有跟这个孩子合得来，跟那个合不来的情况。有些父母对此感到很内疚，有些则认为是理所当然的。比如，有的父母只疼爱自己的长子。这里面有社会因素、地域特点和历史问题，我也无意对此说三道四。我想很多人会从自己的经历以及社会的角度来回答这个问题，那我想从生物学的角度来谈谈这个问题。如果我们需要的后代是和我们的想法和观点完全一致的，那么我们首先就不应该进行有性繁殖了。

内田　我被当头一棒（笑），感觉迄今为止所有的固有观念都崩溃瓦解了。是的，我觉得我所有的成见都被打破了。

在日本生活需要明智的策略

中野　从基因上讲，我们有一种机制，就是我

189

们会觉得离自己越远的人越有吸引力。那么，既然你把自己的基因跟相隔甚远的伴侣的基因有意地结合在一起并生下了孩子，却又要求这个孩子必须和你完全一样，这是为什么呢？你想过这样做有意义吗？

内田 我明白了。不过，这位提问者似乎对自己的大孩子"不愿意去工作，认为什么都不做才是安全的，依赖别人生活很舒服"这一情况感到很困扰。当然了，要想在这个社会上生存就必须去赚钱，这是人之常情。但是中野女士，从你的宏观视角来看，你怎么看待这个孩子的想法呢？

中野 认为"依赖别人生活很轻松，不喜欢工作，什么都不做最安全"，这些听起来是有些散漫邋遢，但事实上，这可能正是在日本生活的最佳策略。仔细观察日本的历史，独立自主、不依赖他人的人反而更容易被人利用，更吃亏。因此，说不定不太积极、只在不得已的情况下才去工作的人，既不会出现过度劳累，说不定反而还会生存得更好。"什么都不做更安全"这句话非常正确。在这样一个稍稍一冒头就会遭到打压的国家，说它是在日本生活的明智策略也是不无道理的。如果研究一下日本人的基因倾向，就会发现有的基因会阻止你去尝试新事物，有的基因属于一旦处于与别人不同的状态就会感到不安，还有一种基因是即使规则是错误的，只要大家都在遵守，自己也会顺着大家遵守，而且大多数情况下都是如此。

内田　那也就是说，有这样想法的人是很正常的，或者说是很自然的，对吗？

中野　我认为这是很自然的想法。

内田　那如果你是一位家长，你会如何看待这样一个已经成年却不愿独立的孩子呢？

中野　我想我可能会跟他大吵："妈妈我一直都是这样过来的，你怎么就不行呢！"但是一旦孩子过了 20 岁，我就会告诉他："你已经决定要继续这样生活下去了是吗？那么从现在开始，我不会再对你说什么了，也不会再给你钱了。"

内田　是吗？切断所有的经济支援。但你会说"你还可以继续住在你的房间里"吗？还是告诉他"你必须支付水电费和伙食费？"

中野　我想我会跟他说："那请你离开这个家吧。"

尽量与孩子们保持距离

内田　明白了。我特别能理解这位提问者的心情。我的三个孩子中，有两个已经长大成人，一个已经参加工作，另一个正在读大学。但即便如此，当他们在我的视线范围内时，我还是会担心他们，对他们说一些多余的话。所以我很想知道父母与孩子之间保持怎样的距离才是最合适的。这个度很难掌握。

比如我自己就曾经因为没经验而过度地投入，尤其曾对大儿子过度干涉。因为我生他的时候自己也才 21 岁，现在回想起来，就像是孩子在生孩子一样，所以我觉得非常对不起我的孩子们。从给他们换尿布开始，一点一点地看着他们长大。所以我认为能够巧妙地保持距离这一点很重要。因为如果孩子一直在你身边的话，即使他们已经 20 岁或 23 岁，你还是会觉得他们仍然是孩子。

中野　如果一直在身边的话很容易会这样想。

内田　所以我们早早地就把孩子们送到国外去留学，从物理上拉开了我们之间的距离。我想这也许并不适用于所有人，但如果孩子到了可以独立生活的年龄，就应该尽量保持距离。就我而言，这样做的结果还是很好的。

中野　我也认为应该保持距离。这里有观众问你是如何与母亲保持距离的？

内田也哉子："很多人对我说，你应该跟树木希林保持距离。"——中野信子眼中的"普通"家庭是怎样的？

如何保持距离是母亲和孩子共同面临的问题

> 提问：【来自一位 20 多岁的提问者】如何与母亲保持距离？

内田　这是一位 20 多岁的观众呀。

中野　在人际关系的建立中，与不相识的人慢慢接近应该属于最正常的方式。但是，只有母子关系不同。

内田　母子？为什么不是父子，而是母子？

中野　没错。因为母亲和孩子最初就是同一个实体。她们共享同样的体液，但后来她们脱离了彼此，通过分娩的形式成为两个个体。伴随着孩子的成长，尽管他们在一起的时间越来越长，但是他们之间的距离越来越远了。这是不是让人很难过？

内田　的确很难过。

中野　爱越多的母亲会越难过。有很多人都无法接受这一点，从而成了他们情感上的一个症结，我自己也不例外。至于如何保持这个距离，这是母亲和孩子都感到很纠结的问题，而且没有正确答案。

内田　所以每个人的情况都不一样。

中野　不是只有一种情况，这是我们作为人这个物种的优势之一。我们可以适应环境，随环境的改变而调整自己。然而，当事人自己其实并没有好的解决方案，这是很难受的一点。因此，这时候就需要智慧来告诉我们应该怎么做。我倒有一个建议，那就是可以试着举办一场家庭毕业典礼。

内田　啊！这个想法很有意思。孩子们在几岁的时候做这件事比较合适呢？

中野　如果是我的话，我会认为在大脑发育到成年人的年龄做这件事会比较好，虽然有社会条件的限制，现代社会的话，我觉得在 30 岁的时候比较好。

内田　啊！有这么长的延缓期吗？

中野　以前都说大脑在 25 岁的时候就成年了，但现在说要长到 30 岁左右。我想大家都有一种感觉，就是不希望自己已经 30 岁的孩子还叫自己"妈妈"[1]。也许不同时期或不同国家，情况会略有不同，但我觉得"30 岁，你应该不再是还住在父母家的年龄了"。即使你毕业了，也并不意味着你与他们就断绝了联系，你还是可以随时以毕业生的身份回

1　日本人在叫自己母亲的时候有两种叫法，一种是带着撒娇口气的"ママ"（发音同"妈妈"），另一种是相对比较成熟的"お母さん"（母亲）。

来，但是如果一直住在家里的话，就好像是学生中的"留级生"一样。所以如果我是家长，我会对他说："你不觉得内疚吗？"

不管你是否愿意，总有离开的那一天

内田　有意思。面对父母和孩子的分离，如果把它看成是一场毕业典礼，即便是有痛苦，可能这份痛苦也会稍稍得到缓解吧。

中野　因为它是新的旅程的开始。

内田　我自己可以说几乎是单亲家庭长大的，我母亲太有个性，我又是独生女，所以在外人看来我们的关系很亲密，也总被人说我们的关系"很亲密"。母亲也不太把我当孩子看，她只管走自己的路，我呢，拼命跟在她身后紧追不舍。所以尽管我们的关系实际上并不那么亲密，但母亲对作为孩子的我还是起到了很大的影响。所以从我青春期开始，就有人对我说："你为什么不和母亲保持一点距离呢？"

中野　原来是这样啊。

内田　所以你看周围，只要是看到关系亲密的母子，周围的人就会想把他们分开。但是，前年母亲突然从这个世界上消失了，这让我意识到母与子总有一天也是会分离的，无论你愿意与否。这样一想，我倒认为也没有必要非强迫他们分开吧。反过来，我也觉得不是说父母和孩子之间就必须挨得很近，无时无刻不交心谈话。这一点真的是每个人情况都不一样啊。

没有一种亲子关系是完全没有压力的

中野　每个人都是不同的。人际关系的有趣之处就在于，如果把 0 视为完全疏远和脱离，把 100 视为完全一致，那么介于 0 和 100 之间的任何位置都没有错。对于其他生物来说，有一个先天固定的狭窄范围，比如 30 到 35 之间，或者 50 到 55 之间，而人类则不然。所以你可以说，你家的情况是这样的，而我家的情况是那样的，不能说哪个就是正确的答案。

人类在对人际关系的感受上会故意制造各种变化。有几种类型的基因决定了我们的性格，我们对人际关系中的距离感的舒适度也因人而异。有些人在非常亲密的关系中会感到舒适，而有些人会觉得如果不能独处还不如叫他去死。有些人在两者之间找到了一个很好的折中点，他们会说"我们每周一起吃两次饭吧"，而有些人喜欢每天回家，甚至还规定了门禁的时间。所以正确的说法就是，可以有很多不同的风格并存。或者说，作为一个物种，一定有许多不同的正确答案。

内田　换句话说，什么样的距离对孩子来说是舒适的，什么样的距离对母亲来说是舒适的，简单地说只是一种偏好而已。

中野　是的，就是一种偏好。

内田　在某种程度上，早点明白孤独的必然性可能大家都会轻松一些。比如，即使是母亲也有自己的个性和喜好。同理，孩子也一样，会有自己的个性和喜好。中野女士你应该是很早就从母亲身边独立出来了，那你觉得自己对这个距离把握得还不错吗？

中野　距离把握得还不错，就是指我跟母亲没有什么隔阂，对吧？我也是花了很长时间才找到这种恰当的距离感的。

内田　我相信，任何人在亲子关系中都不会完全没有压力。无论你们的关系有多近，有多远，都不会没有压力，就这一点我们已经谈了很多。我们自己是如何受到父母的影响以及压力的，都写在这本书里了。

中野　没错，如果您愿意的话，请读一读吧（笑）。

善于发现幽默的母亲

内田　自从父母去世，我总是在想，无论我当初有多恨他们，他们总有一天会离我而去。而当他们真的走了以后，我感到的却是一种莫名的无力感和空虚感。当初那些跟父母之间产生的冲突和痛苦究竟又是什么呢？如果我可以对那些正在苦恼于如何与母亲保持距离的人说点什么的话，那么我想说的是，就像我母亲常说的那样，人随时都会死，而并不是某一天会死。换句话说，我们随时都可能死去。更何况我们现在正赶上新冠疫情时期，很难预测什么时候会发生什么，所以你又何必非要把精力放在强迫自己跟母亲保持距离上，或者非要强迫自己与母亲分开呢？我倒是觉得你更应该想想怎样能活好当下，以及怎样处理好摆在你面前的事情，包括那些困难的事情……。

中野　也就是价值最大化的意思。

内田　是的，没错！

中野　如果你把注意力集中在价值最大化上，可能会比总是苦恼于"我为什么要受这种苦"消耗更少的能量。

内田　没错。其实我是那种把一切都想象得太严肃，而且还会特别认真对待的人，但是我母亲有一种从任何事物中都能发现幽默的天赋。另外，如果能像你那样可以鸟瞰一切的话，也是可以看到很多东西。也就是当你把一件事看得更宽广时，就会发现它的多样性了。我想,我们必须学着到达这样的境界,只有拥有了灵活的想象力,才能做到这一点。我们需要学会不能只从一个方向看待事物。

应该接受智力训练

中野 在这个问题上,我想你从你的母亲树木希林那里受到了了不起的精英教育。在《还能做家人吗?》中你也讲过,家里只有一把剪刀,而你受到的训练是,每种工具都不会只有一种用途,要训练自己在不同的场合下使用它。

内田 因为我从小是属于被放养和很少被关爱的孩子。我母亲从不给我买玩具,衣服也是直到上中学才买过一件,从小穿的都是她的那些当女演员的朋友们穿剩下的,就连T恤也都是把肩往上提一提改过之后穿的。

中野 我觉得,这种不只从一个侧面看问题的训练其实就是智慧的训练,训练你去寻找其他的解决方案。其实我一直觉得这些本应该是在学校里学习的，如果我们能在义务教育阶段教会孩子们这样的事情就好了，但事实上这很难做到。我觉得现在的孩子比我们小时候更难了，因为他们要学的东西更多了。但如果有训练大脑思维，就像是给大脑锻炼的那种课程就更好了。

内田　是的，没错。

中野　我认为阅读也是可以帮助解决这个问题的，我并不是在催你们去买这本《还能做家人吗？》（笑）。

内田　（笑）你太棒了！这是多么自然的宣传方式啊。

中野　我觉得读你的绘本书也是很好的方式。

内田　看来最终起决定作用的还是你的大脑里被灌输了多少。

中野　是的。首先，还是要了解不同人的不同想法，这一点很重要。所以"被灌输"其实也是很重要的。

还有一位母亲提出了一个问题，她的孩子告诉她："我只希望你是一个普通的妈妈。"

什么是"不正常"呢？

内田　这个很有意思，笔名叫"Michan"的。

> 提问:【来自一位40多岁的女士】我属于日常生活中情绪高涨、精力无限的那种妈妈，但我的孩子对我说:"我只希望我的妈妈普通正常就好……"你们认为什么是所谓的"正常"呢？

内田　在《还能做家人吗？》一书的腰封上有这样一句耸人听闻的话:"我们是来自'非正常家庭'的孩子。"据说编辑团队费了好大的劲儿才想出了这个文案，但当我第一次看到它时，我的感受是:请等一下！什么是"正常"呢？

中野　（笑）这是因为想博眼球吧？我觉得自己并没什么不正常呀。

内田　所以我觉得这个腰封很有挑衅性。不过，我倒是挺喜欢的。我相信，有人看到这个标题的时候一定会想，那什么才是正常的呢？我到底是正常的还是不正常的呢？我觉得这么写一定会引发人们去自我询问。

中野　我认为正常就是指大多数人，就好比在右撇子的世界里，右撇子是正常的一样。

内田　所以你不是那个大多数？

中野　我不是大多数。

内田　这个大多数不是一种感觉，而是一种统计吗？

中野　是统计出来的，不是吗？比如说，就总体而言，离异家庭的数量是比较少的，而我的父母是离异的，另外，我的母亲认为对她而言还有比自己的孩子更重要的事情。这是个有点复杂的话题，我就不在这里细说了，但这样的家庭毕竟是少数。

内田　啊，是的。在很多家庭里，孩子往往是第一位的。

中野　因为还有很多其他的特殊情况，所以我认为我不是大多数，换句话说，我来自不寻常不正常的家庭。

正常并不意味着就是正确

内田　把某些事项罗列在一起看,如果发现与大多数人不一致,那么在这个世界上就会被看作是"不正常"的。另一方面,从孩子的角度来看,我非常理解他们希望有一个正常母亲的心态,因为我自己也是这样过来的。我不希望自己的父母是那种打破常规的,我只想过那种悄无声息,不引人注意,慢慢地咀嚼着日常生活乐趣的日子,我认为那才是正常和美好的,直到今天我都很羡慕那样的生活。

中野　不过,如果有人觉得自己的父母太平凡,他们可能也会希望自己有不寻常的父母。他们会觉得因为父母太普通了,所以自己才成为不了优秀的人。我想一定也会有这样的人。

内田　说到底还是在要求自己身上没有的东西吧?

中野　我想是的。

内田　这其实就是一种对比。就像有阴就有阳,一个人对于所谓"正常程度"的认知与"不正常的程度"会形成对比。虽然这位 Michan 的孩子说"希望自己的妈妈是一个正常的妈妈",但也并不意味着正常就是对的。

中野　没错。所以 Michan 女士,我们现在把"正常"定义为"大多数人",但您孩子心目中的"正常"可能并不代表大多数人。比如,也许是"我希望你成为一个符合社会习俗的人"这样的想法。如果是这样的话,那我明白了,我想象中的 Michan 是一位特立独行的妈妈。如果你的孩子不喜欢这样,那我觉得还是有跟他沟通的余地的。

内田　我的孩子们也经常说我"你为什么要把头发梳成这样?"或者"你为什么穿得这么'有趣'?"但是那个口气其实是带着一些不满的色彩的。

中野　什么?我觉得你的着装都很棒啊!

所谓"正常"的观念也会随时代而改变

内田　我曾经把头发的一侧剃得异常短。孩子们就说:"真是没办法,谁让我们有这样一个审美

另类的母亲呢。"但他们似乎还是接受的。我觉得
他们比我们大人更成熟。

我觉得，相对比我们成长的 20 世纪八九十年
代，如今的环境让我们可以更容易从视觉上看到多
样性，不用实际飞到世界各地就能看到来自世界各
地的人。比起我们那个年代，"正常"的范围难道
不是扩大了吗？

中野 是的，扩大了。而且"正常"的观念也
随着时代的变化在变化。我们是婴儿潮 1 那批人的
后代，这代人的数量很多，所以我觉得与众不同、
脱颖而出更显得有价值。

内田 啊，是这样吗？

中野 是的，因为你一直在国外可能不觉得。
当时的氛围就是，那些与众不同的孩子就被认为更
有价值。而从我们的下一代开始，与大家保持一致

---

1 婴儿潮一代是指日本出生于 1946 年至 1964 年之间的人群，源于
"二战"后出生的婴儿数量激增的现象。在日本，这代人也被称为"团
块世代"，因为他们在社会上形成了一个庞大的群体，对于整个社会
的经济和文化发展产生了深远的影响。

又变成正确的了，如果你偏离了一点，周围就会投来"欸？真做作"的目光。于是大家都开始保持统一的着装，尽管大家也在谈论"个性很重要"，强调"个性"，但每个人都穿着一样的衣服。即使是那些想表现自己鲜明个性的人，也往往只集中穿某个特定品牌的服装。

内田 的确是这样。曾经有过到处都是黑衣人的时代，想想真有意思。所以我无法回答什么是"正常"的。

中野 虽然我不能明确地回答"是的，就是这样的"，但如果我们的讨论能给 Michan 女士指出了一个方向，那我也是很高兴的。

内田也哉子："我继承了内田裕也性情上的暴脾气。"——与中野女士探讨如何处理"我身上与父母相似的令人不快的部分"

要让他们看到和解的样子

内田　之前我们一直在谈论父母和子女的关系，接下来我们来谈谈夫妻关系吧。中野女士，有人在跟你提问呢，是一位笔名叫"草莓牛奶"的读者。

提问:【来自一位 50 多岁的女士】我有一个问题想问中野信子老师。如果父母在孩子面前吵架，您认为会对孩子的大脑造成不良影响吗？我当然也明白还是和睦相处会更好。

中野　简单地说确实有影响,这就是所谓的"当面的家庭暴力"。但比这更糟糕的是，吵架之后不让孩子看到夫妻和好的画面，关于这个是有调查结果的。

内田　啊！我和我先生没有当着孩子的面和好过。

中野　哎呀！这可不行！要让他们看到吵架后是可以和好的。

内田 如果只让他们看到一部分情节，也就是说这个剧情还没有完结呢。

中野 是的，但作为家长可能会觉得尴尬或者不好意思。

内田 会不好意思！我竟然要让孩子们当面看到我对他说"对不起"，这可怎么行？

中野 如果夫妻之间在情绪化的争吵后，你能向对方表明"刚才我有点过分了"或"虽然我还不能原谅你，但我想我也有不对的地方"，这么一来，孩子就会知道"哦，原来吵架也是可以折中和让步的"，他就会松一口气。

而且还能降低压力荷尔蒙的水平。当压力荷尔蒙过高时，大脑就会萎缩。因此，让孩子身处父母争吵的状态下，对他们很不好。已经有过对这种状态下的大脑做核磁共振检查的研究了。所以，为了孩子的身心健康，希望经常吵架的家庭哪怕是假装和好，也要表现给孩子看。

内田 但是恕我直言，孩子们可是有一双能辨别真假的眼睛的，他们能一眼看穿（笑），他们甚至能看出你在试图修补什么。

中野 是哦，那我明白了，那我觉得还是不要组建家庭了。

内田 是的。而且，我就是长期在大脑萎缩的状态下成长起来的。

中野 （笑）不，不。成年之后，有些部分还是可以自我成长的。

还是需要有一个刹车开关

内田 我们在《还能做家人吗？》一书中也提到了，你曾经告诉我，有关性情的部分是从父亲那里继承下来的。我就是继承了父亲很情绪化的一面，所以很容易发脾气，哪怕是一些小事，我也会发脾气、吵架。所以我常说我喜欢吵架，但每次吵完架，不知因何而积聚的紧张情绪就会像泄了气的气球得到释放，而且还会让我有"不是挺好嘛，接下来去干点什么吧"的释怀情绪。但对于孩子来说，一想到自己分别继承了父亲和母亲的一部分基因，而父母的亢奋情绪以及争吵和争执也会让他们处于紧张的状态，无论怎样这对他们来说都是很大的压力。

中野 是的。我们正好收到了一位 30 多岁的读者的问题，她说她发现自己在某些方面与父母相似，这一点让她很难接受，正好可以关联到这个话题。

> 提问:【来自一位 30 多岁的女士】我的父母也属于所谓的"毒亲"。我曾经尝试过各种与母亲相处的方法，所以我很喜欢这本书。这次我想问两位的是，当你们发现自己与父母相似时，你们是否会觉得难以接受，你们认为接受这样的自己的最佳方式是什么? 或者说，你们认为接受不正常的父母的最佳方式是什么?

中野 唉，这还真不是一件容易接受的事情。

内田 没错。所以，当压力大到实在无法再忍受下去的时候，一定就会有一方开始与对方保持良好的距离了。即使是孩子，如果可以的话，也应该学着跟他们保持距离。

中野　是的，没错。另外，我觉得可能还有一些因素会激发你的某个开关。因为你的内心深处可能还住着一个聒噪的妈妈，只要触发到了，她就会出现，所以尽可能地让自己远离这个开关也是很重要的。或者，你还需要有一个刹车开关，当那个妈妈出现在你体内的时候，你就赶紧提醒自己"停!停!停!"然后让自己冷静下来。因为当遇到焦虑情况的时候，它就会显现出来。

内田　会有一些环境让它容易显现。

中野　每每遇到这种时候，你就立即按下"不，我没那么焦虑"的刹车开关就好了。

内田　你的内心最好至少有两个人，需要有一个经常出来提醒你，告诉你"没关系"。

中野　是的，没错。这个人可以是朋友，也可以是故事中的人物，或者是其他任何东西。如果是我的话，我会让也哉子你住进我的内心，来提醒自己。这时候如果是你的话，应该会更谨慎地选择语言，还会帮我踩下刹车吧。

人类拥有大脑的好处

内田　希望得到建议的读者朋友们，你们可以让中野女士住进来，因为她可以很快地帮你们解决遇到的问题。

中野　我们人类确实是继承了父母的基因，所以我们也会像提问的朋友那样遇到困难。但人类拥有大脑的好处在于，我们可以模仿与我们没有基因关系的人的思维，就好像是受到了遗传一样。他可能是来自 2000 年前遥远的人，也可能是素未谋面的名师。读者朋友们，如果你愿意，今天在现场观看了讲座以后，从明天开始你也可以让也哉子或者中野信子住进你的身体里（笑）。

内田　那些在你的心里慢慢积压的感受即使无法完全消除，只要引入其他的因素或人，那么父母身上你不喜欢的那部分可能就会变小。如果那个比例越来越小，就说明你已经成功地在心里与他们拉开了距离。这种感觉非常好！

中野　你先生做的就是这种工作吧？我想他扮演的角色中，比如斋藤道三、志贺直哉[1]，或者一些虚构的角色，这些人物角色与他完全没有关系，他们只是暂时住在他的身体里被他演绎出来。

内田　是的，没错。我在英国生活的时候，发现了一件非常有趣的事。在英国，从小学开始就有戏剧课了，除了五门主课和体育课之外还有艺术课和戏剧课。为什么英国的学校会有戏剧课呢？我想它的目的一定是通过在课堂上的表演来完成一种训练，就是将不同人的思维模式融入自己的思维模式中，这正好跟我们现在谈论的话题有关。

想象力对于"刹车"是很重要的

中野　哇，真有意思。角色的扮演的确非常有用。我经常被问到这样的问题："当有人对我说一

1　斋藤道三（约1494—1556），日本战国时代美浓国大名。志贺直哉（1883—1971），白桦派的代表作家之一，被誉为"日本小说之神"。

些过激的话时，我就会退缩而无法还嘴。所以我该怎么办呢？"这种时候，我经常会告诉他们"让我们从角色扮演开始吧"，因为这时候反而很难说"去塑造一个坚强的你吧！"所以我会说："当有人对你这样说话不礼貌的时候，与其顶撞这个上司弄得很不愉快，不如先说'呀！你身上落了灰尘'。"虽然你已经厌恶他到了想要掐死他的地步，但也还是可以先说"哎呀！你的领带歪了"。

内田 （笑）所以就是先释放一点能量，这个似乎很有用。在我们的交谈过程中你曾经告诉我，发脾气时抑制怒气的最好的方法之一，就是马上回忆一下自己在过去曾经发生过的不好的事情，回忆一下因为发火而感受到的尴尬和厌恶的心境，难道你还想再次唤起那样的感觉吗？这样一想，你就能踩下刹车，让愤怒消退了。所以重要的是想象力，不是吗？

中野 想象力很重要。

内田 但是，在发脾气的瞬间还能想到这些是非常困难的呀。

中野　这很不容易，它能考验你的智慧。

内田　人生就是不断地修行啊（笑）。

中野　（笑）那我们进入下一个话题吧。

"开始聊本木雅弘讨厌纳豆的例子……"——内田也哉子和中野信子揭开"我们为什么选择结婚"的答案

结婚的利弊

> 提问：【来自一位 30 多岁的女士】成家有什么好处呢？

内田　这是一个终极问题。

中野　因为其中包含了社会层面、认知层面以及生埋层面的好处。其中社会层面的好处体现在，你不必再去面对常常被问到的"你不打算结婚了吗"这样的尴尬问题，因为你已经得到了社会的认可。还是有很多人认为结婚是很重要的。

内田 在日本，似乎有很多人这样认为。

中野 特别是那些具有很强的官方性质的组织，比如大公司或公共机构。另外，认知层面的好处就是，身边如果有一个与自己的生活方式不同的人，其实是可以让自己的生活更加丰富多彩的。我们现在只谈利的部分，之后再谈弊的部分（笑）。最后是生物学层面的好处，正如我们曾经在对话中提到的"蚂蚁效应"。

内田 人类作为生物其实并不够强壮。我们的身体很脆弱，肉很软，跑得也很慢，很容易就被其他动物吃掉。所以如果我们以集体的形式在一起，就会变得强大了。

中野 没错。当成为群体以后生存的可能性会大大提高。因此，两个人比一个人更安全，三个人比两个人更安全，四个人又比三个人更安全，以此类推。群体越大，就越安全，这就是所谓的蚂蚁效应。因为有蚂蚁效应，所以你的大脑中本身就会有想跟一群人在一起的天性。在问到有什么好处之前，可以说"人类本身就是一个有组建家庭倾向的物种"。

内田 不过，缺点不是也很多吗？我们这些组建了家庭的人说这样的话看起来有点……

中野 不知道我们有没有资格这么说，组建家庭的弊端在于，当你组建了一个团体，规则也就随之产生了，而背离规则的人往往是会受到冷漠对待的。这种现象作为乡村社会的弊端经常被论及，但其实这种情况在家庭中也会出现。

内田 建立一个家庭也意味着制定了一套统一的规则。如果你是一个人生活的话，那么一切都由你支配，但一旦成为一个家庭，情况就不一样了。

容易让弱势群体成为受害者的规则

中野 在家庭中处于任何地位的人都有可能成为规则的受害者，我们经常听到的例子就是孩子出生以后的父亲们。当孩子出生后，很自然地就有了母亲跟孩子的规则，但作为父亲如同不能跟大家一起跳大绳一样，好像不能很好地遵守这些规则，那么他就会被排除在家庭之外。母亲认为孩子才是最重要的，她们开始用"我自己这么辛苦，为什么你还……"的方式来对待父亲。由此，让父亲们开始有被疏远的感觉。他们会说："我妻子总是很神经质，我不知道该如何是好。"还有很多更严重的例子。

此外，家庭规则的建立往往会很在意公众的视线，要尽可能地保持作为一个家庭的健全，哪怕是表面的，这时候弱势群体就很容易成为受害者，所以才会有孩子和妻子遭受家庭暴力的情况。以国外为例，在法国大约每两周就会有一名妇女死于家庭暴力。妇女最容易成为暴力的受害者，而且比例非常高。再例如，出于照顾女性的考虑，让男性去从事一些体力活或危险的工作，有人认为这是对男性的反向歧视。因为女性身体的肌肉从物理上就比男性弱，而且人类的身体特征也不会轻易地改变，所以一直以来，身体相对脆弱的一方更容易成为牺牲品。这一点一直都没有改变过。

不过牺牲更多的还是儿童，尤其是在注重公众形象的家庭中。有些人甚至直言，在那些看起来非常完美的家庭中，孩子受到伤害的嫌疑反而很大。

为什么要结婚呢？

内田　如果那个家看起来很完美，就很难发现。

中野　一般都会觉得那样的父母怎么可能做出这样的事呢？即使孩子们抱怨受到了伤害，也会被认为是虚假的信息。因为家庭是集体生活，所以在权衡家庭的规则和个人的利益时，个人的利益很有可能被牺牲，这就是作为家庭的最严重的弊端。

内田　既然了解了这么多，那你为什么还要结婚成家呢？

中野　我虽然很喜欢独处，但又选择了结婚，可能是因为我和丈夫很少否定对方的缘故吧。我们在人格上互相尊重，我想这是很重要的一点。如果没有这点，而总是想他是不是得到的更多，或者我是不是占了他的便宜，两个人之间一旦开始这样想了，可能就会开口说"我们还是回到一个人的状态吧"。但每当我遇到困难的时候，他都会在精神上支持我，我会觉得他作为一个人还是非常正直的。这么一来，当他遇到困难的时候，我也会有想为他做点什么的想法了。

　　内田　你们夫妇平时都是分居两地，各忙各的工作，只有周末的时候才会在一起，我认为这会有一个很好的距离感。而且你们还想让婚姻关系继续往前，还想一起分享一些东西，还能相互尊重，这真的太理想了。我们是二十五年全天候住在一起的夫妇，在一起的时间太长了，有些不适应的地方就会不可避免地凸显出来。在我听来，你们的故事简直就像童话一样（笑）。

本木以纳豆为例开始讲……

　　中野　真的吗？

　　内田　因为你已经结婚十年了。可是在我结婚十年的时候，我可不会像你那样想问题，也不会像你那样说。我在问自己，为什么我们会成为一对说不出这种话的夫妻呢？所以今天早上，我就问本木：

222

"我们之间有那么多分歧，有那么多因为价值观的不同而困扰我们的事情，那你为什么还要选择这样的生活呢？你为什么还要继续过这样的日子呢？"然后，本木举起了纳豆的例子……因为他从小就讨厌纳豆。

中野（大笑）。

内田　不喜欢纳豆的人是无法接受它那个很重的味道的。虽然我很喜欢纳豆，但是刚结婚的时候我会很克制，只在本木不在家的时候吃。但有了孩子以后我会让他们吃纳豆，因为对身体有好处。开始本木会说："哇，餐桌上居然有纳豆，我受不了了，没法好好享受其他的食物了。"不过，很多年以后，本木现在不但会帮孩子们拿纳豆，甚至在他们吃完还会去洗盛过纳豆的黏糊糊的碗碟。

中野　哇！他成长了（笑）。

内田　是的。本木说，虽然是件小事，但他觉得自己挺了不起的。如果是一个人生活的话，可能一辈子都不用做这样的事，但一想到为了做一些自己不想做的事而如此努力，就会为自己有一个家而感到庆幸。

中野　啊，这可真是太好了！这一点非常重要。

他的座右铭是干脆利落地放弃

内田　我想举个更夸张、更戏剧性的例子。其实任何事情都一样，从根本上说，大家本来是不合的，价值观也不一致，这是很正常的事情。我们也有过很多矛盾，浪费了很多精力，但我丈夫会说："如果你觉得不好，那你看什么都觉得不好。"当你迈出家门你就会发现，到处都是你不喜欢的事情，你也会遇到更合不来的人。你要认识到，纠结于这些你不喜欢的事情，其实很浪费精力，只要是活着，你就必须要面对这些。所以既然如此，那就在家这个最小的层面上训练你自己，然后给自己一点鼓励，"哦，真不错，你做到了！你很努力呀！"（笑）

我先生天生就是一个很能忍耐的人。当我问他："特别艰难的时候就只有忍着吗？"他说："我有很多时候都是这样的。"（笑）

中野　原来还是有很多这种时候啊……（笑）

内田　他的座右铭是：怀着希望适度地生活，但要学会干脆利落地放弃。"放弃"似乎是一件既孤独又可惜的事，但他说："如果你是在清醒的大脑的支配下放弃的，你就会觉得自己的人生在不断地完善。"

中野　"干脆利落地放弃"这可太酷了！很符合本木先生的性格（笑）。

内田　对于我来说，虽然我们的价值观很不同，而且经常会吵架，但我们还能继续做夫妻，关于这个问题我还没有找到合适的答案。

中野　把这个比喻成细胞成长也许会让人觉得有点奇怪，但多能干细胞具有无限的可能，它们可以变成任何东西。当它们分化并成为神经细胞时，会发生什么呢？那就是丢弃很多其他的东西，这也就是所谓的成长。

内田　也就是说放弃也是成长的一部分，是这样吧？

中野　生物不放弃，就无法成长。

内田　看来本木明白这个真理（笑）。你看起来非常一帆风顺，完全看不出有婚姻的烦恼。

在一起超过四天就有点难了

中野　不，也有烦恼啊。比如我会觉得你为什么总是把房间弄得乱七八糟，而且每天都这样。

内田　所以想继续做夫妻的心愿还是超越了这些烦恼，对吧。

中野　我觉得是这样。我先生的生存策略跟我完全不同。我是属于一旦设定了一个目标，就会为达到目标而拼命地奔跑，甚至屏住呼吸。但有的人就是会悠闲地走在花丛中，一边欣赏一边行走。我很好奇他怎么能做到这样的，同时也会想："啊！真是新颖的活法。"如果将来有一天我也能掌握这种生活方式，说不定我会选择离婚（笑）。

内田　也就是说对于你来说他身上还有很多东西可以学习。试想一下，你们这样能够互相尊重并能给对方带来很多新鲜东西的两个人，如果不是像现在这样保持适度的距离，而是一天 24 小时都待在一起的话，会怎么样呢？

中野 我觉得如果我们在一起超过四天，可能就会有点困难了。

内田 在过去的十年中，你们最多的时候在一起待过多少天？

中野 我们坐邮轮旅行，在一起待了两个星期。

内田 你们坐的不会就是那个著名的"钻石公主号"[1]吧！那是你们在一起最长的时间吗？

中野 是的。

内田 在那两个星期里，有让你感到窒息的瞬间吗？

中野 有过。所以感到窒息的时候，我就说"我

---

1 2020 年 1 月 20 日，载有 2666 名乘客和 1045 名船员的"钻石公主号"由横滨出发，于 1 月 25 日抵达香港，在停留一天后，邮轮继续前往越南、中国台湾、日本冲绳等地，原计划于 2 月 4 日返回横滨。随着新冠疫情的大规模爆发，船上陆续有乘客感染。于是邮轮提前返回横滨港，并于 2 月 3 日开始接受日本厚生劳动省的检疫。随着感染规模的扩大，各国陆续撤侨。最终，5 月 16 日下午，在停泊了三个多月后，"钻石公主号"邮轮驶离横滨港，前往下一站马来西亚。截至 2020 年 5 月 16 日，在所有乘客和船员中，已累计确诊 721 人，死亡 13 人。

去赌场了"（笑）。

内田　在事态爆发之前，迅速与对方拉开距离还是很重要的，对吗？

中野　也不完全是。如果碰撞能产生很好的效果，那就应该经常碰撞。但是如果碰撞的结果是不好的，那我觉得还是不要碰撞的好。

内田　要想判断这一点的话，还是需要从全局的视角来看，这一点很难啊。每个人都是怀着各种各样的理想去组建家庭的，但往往结果并不理想。

我们所过的人生都是被迫选择的

中野　这里还有一位单身读者的问题。

> 提问：【来自一位 30 多岁的女士】回顾我迄今为止的人生，在工作上我未能在正确的时间做出正确的选择，在婚姻和生育方面也不顺利，所以我一直对过去的选择耿耿于怀。后来读了中野老师您的书，我的想法发生了变化，我觉

得虽然自己没有选择社会上普遍认为的那种"正确答案"，但是对我个人来说，也并不都是错误的选择……您在书中[1]说的那句"就让你的选择成为正确答案吧"给我留下了深刻的印象。现在我要问的问题是，您觉得为了让自己的选择成为正确的答案，应该做怎样的思考和行动呢？我想过没有遗憾的生活……这个说法可能太理想主义了，很难实现，那我就想还有没有别的什么呢？为了做出正确的选择，我们是不是总是要竭尽全力？

中野 这个嘛，你肯定会有遗憾的。

内田 如果不后悔，那也是不好的。

中野 那就意味着你并没有从中学到什么东西。如果你后悔了，说明你使用了智慧。

1　此处提及的书应为中野信子在 2019 年出版的『引き寄せる脳 遠ざける脳：「幸せホルモン」を味方につける 3 つの法則』（セブン＆アイ出版）。

内田 那我想知道这个"度"是不是很重要。

中野 没错。有时候你做的某个选择是无法回头的，但是你要为这个无法回头的选择赋予一个意义，婚姻可能就是其中之一。你可能会有很多这样的时刻：如果当时那样说了，也许我就得到那个工作了，但为什么当时没有那样说呢？

其实我们的人生充满了很多被迫的选择，而且是一边被迫做着选择，还得一边试图寻找着正确的答案，但最终我们还是做出了一些不正确的选择，并为此沮丧。所以我的建议是，与其过这样的生活，不如努力让自己的选择成为正确答案。

还有一种情况，有些人选择的答案自然而然地就成了正确答案，因为他选择的答案恰巧就是正确的。比如，那个人逃跑的方向是唯一能存活的方向。还有另一种情况，比如一个人如愿以偿地考进了一所大学的附属中学，但这所大学不存在了。或者一个人好不容易进入了一家很大的公司，但这家公司被一家外国公司收购了。

有时候，选择的正确与否跟自己的努力是毫

不相关的。幸运的人做出的选择即便有点错误，也还可以说是正确的。我希望自己也能这样。提出这个问题的这位读者，是不是也想努力成为这样的人呢？

内田　但是该怎么做呢？

中野　我也正在慢慢地思考这个问题。总之，世上没有不幸的人，我想要告诉大家的是，其实每个人的运气都是一样的。关于这个问题我们以后再谈（笑）。

中野信子："我想我的父母一定是走投无路了……"——当内田也哉子看到"中野女士的死亡笔记"时笑了

唯一让我感到欣慰的是……

中野　这里有一个向也哉子提出的问题。

提问:【来自一位 50 多岁的女士】我有一个问题想请教内田老师。内田裕也先生是疼爱你的吗？他有没有在不吼不打的情况下对你表达过父爱呢？在你的内心深处，你原谅过他吗？原谅过他对你母亲做的那些事吗？

内田 哇哦，你问了一个很尖锐的问题。在《还能做家人吗？》一书中我也曾多次提到，我父母虽然没有离婚，但我可以说是在单亲家庭长大的。因为我和父亲在一起度过的时间总共加起来也就几十个小时吧。我经常看到他摔东西或者大喊大叫，但也许因为毕竟分开的时间太长，所以他倒是从没有打过我。不过，我跟他见面的时候，他几乎没有一刻不是在发脾气的状态中。他确实经常发火，所以我的大脑一直是处于萎缩状态的。不过，在我出生之前，我的父母好像经常会大打出手，刀光剑影甚至头破血流。但唯一让我感到欣慰的是，我从未见过父亲对母亲动手，他也从未伤害过我。我想，也

232

许父亲在愤怒的时候，连他自己也不知道自己在做什么，他虽然摔东西，而且还大喊大叫，但他还是保持了分寸的，在最关键的时刻没有越界，虽然我的大脑萎缩了。

至于我母亲的境遇，无论原谅还是不原谅，他们这对夫妇是自愿地组建了这个家庭的。当她怀上我以后，就把另一个住所的钥匙交给了我父亲，让他离开了，并对他说如果他们再待在一起，其中一个一定会死的。

尽管如此，他们仍然是一对一直没有离婚的夫妻。而且，尽管父亲从来没给过这个家一分钱，尽管母亲还要帮他还债，尽管他不断地更换各种各样的女朋友，尽管他经常会受到警察的"眷顾"，但母亲仍然没有放弃他。她曾经悄悄地告诉过我，这是因为父亲身上还有一丝很纯粹的东西，她是需要他的。

母亲从一开始就原谅了裕也

他们这对夫妻真是经历了太多太多的事情，甚至闹上了离婚法庭。我亲眼所见父亲在晚年曾对母亲说："嗯，这样看来，我们没有分开也许是件好事。"因为是我亲眼所见，所以才感觉到，他们终于用了几十年的时间，让深藏在心里的裂痕也好、结节也好，一点点地融化了。所以，尽管父亲的很多作为都让我怨恨，但那毕竟是母亲和父亲共同建立的家庭，而且其实母亲从一开始就已经原谅了他。所以，他们两个人之间一定有着我无法衡量的东西。尽管我们是母女父女的关系，但我想我还是没有权利对此品头论足的。

不过，要说还有什么愿望的话，我希望能更多地看到和感受到父亲的优点。因为我们毕竟是以父女的缘分彼此相遇才来到这个世界上的。现在，在他去世后，我有机会从不同的人那里听到关于父亲的事情，了解到他也并不只是生气、酗酒和大吼大叫。他的那些鲜为人知的事情我现在才开始慢慢地感受到。

所以我想我自己可能也只有在生命结束的时候，才能判断我跟孩子们的关系如何，我们的家庭是不是真的很好，是不是也有不尽如人意的地方。虽然想做到更好，做到完美，但其中一定会有各种各样的情感创伤，所以我想这不是一件能简单地说明白的事情。从这个层面上，中野女士，你对原谅或不原谅父母这个问题有什么看法呢?

中野 是的，没错。我只能说这是别无选择的。其实作为当事人的父母，他们自己也在拼命地活着，这在某种程度上也是能理解的。情感是一个会蒸发的东西，当然也可以召唤回来，要看它是否值得召唤回来。如果是有价值的，我也许可以利用这些经历去写一本故事书，但我可能不会过多地去重复过往的事了。

内田 你在我们的谈话中曾经介绍过一种方法让我听完捧腹大笑，也让我大开眼界。

中野 欸，是什么来着?

燃烧之后的焕然一新

内田 就是你的死亡笔记呀。

中野　啊，我确实是写过死亡笔记（笑）。

内田　一定也会有让你讨厌的东西，有让你想不通的事情。我记得你说过，每当这时候你就会把这些写在笔记本上，然后用打火机从写的地方烧掉。

中野　是的，我会把它们烧掉。

内田　是不是会让人一下子感觉很轻松。

中野　没错。

内田　我原以为心理的问题应该只在心里解决，但你是实实在在地把这些问题写出来，然后审视自己"哦，原来我是被这些东西绊住了，我讨厌它们"，然后从物理上把它们烧掉。这非常治愈，真让我大开眼界。这样做是没问题的，对吧？

中野　是的，这样做很爽。当发生了什么不愉快的事情的时候，与其总是想"这个混蛋！"不如把它写下来，你会意识到其实你还可以这样说。再有类似情况的时候，你就能学会如何处理了。

内田　编辑部给我们下指示了。

中野　他们说一定要展开一下。

内田　这个问题我刚刚还在想不知道该怎么

办，但既然有人提问了。

"喝酒，不去工作，打架，差点死掉……"——中野信子谈到了"内田也哉子和又吉直树"两个家庭间的相似之处

帅哥的定义是什么？

提问：【来自一位 40 多岁的女士】内田也哉子老师的丈夫是本木雅弘，他可以说是日本最英俊的男人之一。我总是在电影、电视和广告中看到他，然后总是感叹他可真帅。中野信子老师的丈夫中野圭，我在《周刊文春 WOMAN》上看到你们夫妻对谈时的照片，也会感叹"真帅啊"。你们两人的丈夫都相当帅气。我想问，在组建家庭的时候，您是否刻意选择了帅哥作为结婚对象？如果是，为什么呢？如果是的话，请问中野老师，女性选择帅哥是否有脑科学的依据呢？

内田 感觉这是一个"错过了选择帅哥做丈夫的妻子"提出的问题。这个问题非常主观，因为首先，什么样的男人才算是长得帅呢？

中野 关于"帅"，其实有多种定义。

内田 原来是有定义的呀，我还以为没有呢。

中野 无论男人还是女人，都拥有漂亮的面孔，而其实那个面孔很接近普通面孔。我觉得在日本，好看的脸不是像希腊雕塑那样深邃的，而是偏中性的。所以从这个意义上，可以说我们的丈夫有着一张接近平均水平的脸。

内田 哦，原来是有平均值的。

从脑科学的角度看，女人并不会选择长得好看的男人

中野 不过，从脑科学的角度来看女性是否会选择长得帅的男性的话，事实上她们并不会特别按照这个标准来选择。我也不是因为他长得帅才选他的。

内田 但是第一次见到他时，一定还是觉得

"哇，太棒了"吧。

中野　我欣赏的其实并不是他的外表，而是他讲话的内容。他回答问题的切入点很不同寻常，而且每回答一个问题大约需要 1.3 秒的时间，这个时间差，让我觉得他是不是把自己的真身放在月球上了。

内田　我还是觉得一个人如果能与内在的自我发生碰撞是件好事。说实话，我从没觉得自己的先生长得很帅。尽管他本人很在意自己的颜值和行为。

中野　哦，原来如此。

内田　他说这是因为他有一种巨大的自卑情结。从我认识他开始，他就总是说自己这也不行那也不行，于是我都是怀着很大的慈悲心在看他，觉得他总是在竭尽全力地把自己包裹起来（笑）。所以我觉得，判断一个男人长得帅与不帅，只是看你是否觉得他有内在的魅力。

中野　如果观察女性在选择男性时的大脑情况，你会发现其实她们往往并没有使用太多的视觉区域。

内田 那她们使用哪里呢？

男人看的是脂肪

中野 很想知道吧？使用的是前额叶皮层。大脑中有一部分叫扣带皮层，负责处理和判断一个人的行为、语言和举止是否奇怪，以及这个人对你来说将是什么样的人。这部分是用来做这样的判断的。

内田 我明白了，所以视觉效果是次要的。

中野 但是另一方面，男人用的是视觉。他们会根据外表来做选择。具体来说他们会看哪里呢？他们看的是腰身。

内田 腰身？他们会看这么有趣的部位吗？

中野 这是有统计数据的。有人可能会说我看腿，也有的可能会说我看乳沟，什么样的情况都有。曾经有过一个著名的实验：当给男性看不同女性的照片时，他们选择腰部和臀部的比例是在 0.6 : 1 到 0.7 : 1 之间。后来就选择这样的女性的好处，又做了更深一步的追踪调查。对这样的女性所生孩子的智商做了一个实验，发现 0.6 ~ 0.7 这个范围的女性所生的孩子智商都很高。

内田　这是什么原因呢？

中野　具体的原因还不太明了，但据说与脂肪有关。人体内的脂肪并不都是同一种脂肪，就女性而言，大腿和臀部的脂肪与儿童大脑生长所需的物质是同一种脂肪。所以，男人会选择拥有大量这种脂肪的女人。

内田　哇！真是不可思议。

中野　相比之下，女人选择男人的方式倒是充满了认知性。

内田　我很想知道这是为什么。

中野　也许是因为生孩子是冒着生命危险的，说不定还有可能会死，所以女人想找一个能抚养孩子的男人。

内田　真有意思。对这些了解得越多，就越觉得人类始终都是在不断的尝试中寻找着最佳的生存方式，真是不容易啊。

中野 确实如此。在某个时期，人类发现组建家庭似乎能提高生存的概率，于是家庭制度被发明了出来，并迅速传播开来。然而，如今的社会很多事都在发生变化，你可能被告知不要与其他人过多交往，离婚率急剧上升，已经步入了有三分之一的人都离婚了的时代。

终身未婚率预计也将在2040—2050年上升到50%。所以我觉得我们在当下讨论"家庭"将会在这样一个时代如何变化，意义非常重大，同时我也很高兴能够以这种方式出版这本书。

又吉直树关于家庭的小插曲

内田 我们的对谈与当下的趋势是同步的。哎呀！编辑部又给了我一个小纸条，让我再做一些宣传工作（笑）。

中野 是的，关于正在发售的2021年春季号《周刊文春WOMAN》，其中有一章我们聊到了读过我和也哉子联名出版的《还能做家人吗？》的又吉

直树 [1] 先生，聊的是关于他和他的家庭的话题。又吉先生，非常有意思。

内田　又吉先生虽然人比较冷淡，但他用淡淡的语气讲起自家的故事来非常有意思。

中野　他的父亲是个狠角色啊。经常酗酒，不上班，甚至还差点死于打架，就连爱儿子的方式也很独特。开车的时候，他会吓唬孩子说后面的车一直跟着他们，然后可想而知，又吉就会大哭。父母之间有过一段分居的时期，姐姐也因为无法忍受父亲而离家出走，但又吉对父母始终如一。估计也哉子你也感受到了，他就像是一个小大人，所以可见如果父母太随意，孩子就会很快变成大人。忘了是用半个西瓜还是一整个西瓜了（笑），他还写了自己的父亲是如何勾引母亲的。

内田　又吉先生在如何看待自己的家庭这个问题上有着深刻的见解。

中野　会写小说真好啊。

1　又吉直树，1980 年出生于大阪，日本搞笑艺人、漫画家、小说家和演员，第 153 届芥川龙之介奖获得者。

内田 又吉先生的家庭环境并不是典型的所谓幸福的家庭，所以我觉得他在经历了很多磨难之后，才找到了自己应该如何在逆境中舒适地生活的方法，这也培养了他看人和写小说的能力。我真切地感受到，他是将自己遭遇的困难吸收成了自己的养分。

时间过得真快，我们的活动就要结束了。不过，为了庆祝这本书的出版，我们还将举行刷推的活动，截止日期是 5 月 5 日（星期三）夜里零点。请您在 Twitter（现在的 X）上附上"还能做家人吗？"的词条，并用 140 字以内的短文来介绍您的家庭故事，中野女士和我，内田也哉子将从大家发布的推文中选出最佳作品，送上我们的签名书，希望大家踊跃参与。出版社为了让大家能看到这本书，真是想尽了办法，太辛苦了（笑），感谢他们的辛勤工作。

中野 这也是一种营销策略。是的，真是非常感谢。

诗歌的力量让你的心飞向遥远的天空

内田 其实我还有很多话想和你聊,在一年零四个月前我们第一次公开对话时,我在最后读了一首谷川俊太郎的诗。我认为谷川先生是语言之神、诗歌之神。我自己从记事开始就是受着他的熏陶长大的。我曾有缘在《周刊文春 WOMAN》杂志上与他对话,他还送了我一首他的新诗。基于这样的缘分,今天我想在这里为大家读一首他写的关于"家"的诗。诗,虽然只有短短的几行,但我觉得它有一种力量,能让你的心飞向遥远的天空。下边我就来读一读来自谷川俊太郎的诗集《年轮蛋糕》中的《家人》《妈妈的女儿》《每一天》。[1]

敬请期待中野女士的"英俊论"!

最后一首选自谷川的诗集《悼亡诗》(东洋出版)。

---

[1] 这三首诗见本书 44—47 页。

那之后

有一种"那之后"

在失去某个特别的人之后

在你觉得无计可施之后

即使你知道一切都结束了

仍有无尽的后遗症

那之后会一直

消失在迷雾中

那之后没有尽头

在蓝色中蔓延

有一道痕迹

在世界上

在每个人的心中

内田　中野信子女士，今天非常感谢你。非常感恩让我有机会结识生活在同一时代的同龄的你。你给了我很多的启发，也让我学到了很多，今后也请多多指教。

中野　也请你多多关照。我们的直播时间还剩最后两分钟，两分钟很短，但从现场直播的角度看，特别漫长（笑）。

我想补充一点刚才在谈到帅哥的时候没谈完的内容。我们刚刚说到，女人要选择能为自己抚养孩子的男人，但有时也并非如此。还有一种情况是，女人有时会选择放荡的男人，你可能会觉得，为什么她们会喜欢这种容易出轨的男人呢？这是由大脑中的血清素水平决定的，同时也有年龄的影响。往往相对年轻的女性会更喜欢放荡的男性。然而，随着年龄的增长，她们似乎对比如"壁咚"这样的行为会越来越不感兴趣。其实，我正打算写一本关于帅哥论的书呢。

内田　我很期待！

中野　请多关照。我先做预告了（笑）。

内田　非常感谢大家。

中野　非常感谢大家。

编外篇　让大脑帮你解决情绪问题

心理学和脑科学的区别是什么?

内田　我常在《周刊文春WOMAN》上看你写的连载《你的烦恼,也许大脑能解决?》,还有你出演的电视节目《真的吗?! TV》。我有时会想到一个问题,心理学和脑科学的界限到底是什么呢?

中野　心理学的分类有好几种,比如实验心理学和临床心理学,除此之外还有进行所谓的精神分析的领域。实验心理学是通过对动物的实验,来分析如果"人类遇到这种情况的时候会出现这样那样的行为模式"。虽然这种实验不会去看大脑的变化,但是感觉上很接近脑科学。而临床心理学是针对那些已经诊断出来了有明确病名的人以及自身有不适感觉的人，所采取的手段是用某种方法进行诊治，实际上是类似方法论的东西。而主流的心理学是通过提问和非常精细的数据统计来进行的。但是说白了，因为还是会有"有权威的人说要这样或那样，所以大家在现实中照着做就是了"的情况发生，而这样的想法、这种态度本身就不是自然科学，它应该属于人文科学中哲学领域的延长了。另一方面，生理学是将大脑作为对象，从而知道了人类的大脑好像确实是在思考，于是拉近了心理学和脑科学的距离。但是脑科学是生理学的延长，属于自然科学的学问。而心理学原本就是哲学的延长，二者思考问题的结构是不一样的。

内田　从根本上是不一样的。

中野　而且还要看有没有"反证可能性"，这一点也非常关键。这是个很生疏的词，我来解释一下。比如，我说"我先生很帅"，但是如何判断真假呢？于是就会有人说"给我们看看照片"，或者

"让我们见见本人"。也就是说，从第三者的角度判断是否帅需要其他的材料进行论证。能提供这些材料让第三者进行判断，就叫做"具有反证可能性"。

"反证"其实就是针对"一点都不帅"的反驳证据。如果没有，就是"没有反证可能性"。所以，作为自然科学的脑科学领域，不能没有反证可能性。

内田 那也就是说人文科学是没有反证可能性的学科是吗？

中野 因为"释迦牟尼是这样说的""孔子是这样说的""老子是这样说的""尊师是这样说的""柏拉图是这样说的"，所以你是没有反证的可能性的，人文科学就是这样的学科。

内田 原来如此。那些已经广为熟知的事物就是最被信任的，原来人文科学是从这里开始的。

中野 比如"哈佛大学的某某教授是这样说的"。心理学原本就是人文科学，但是最近有人在做着类似实验科学的事情，于是当今的心理学就横跨于人文科学和自然科学之间了。

我认为反证可能性非常重要。所以最近七年的时间我始终是从自然科学的立场出发在媒体上展开活动。现在进入第八个年头了，我也慢慢地开始意识到实际上最终能打动人心的还是贴近人文科学的部分。简单地说，也就是说自然科学是逻辑，而人文科学是权威，相比逻辑而言人们更喜欢权威。

为什么人们会听特朗普说呢？

内田　是吗？权威不是在逻辑的基础上成为权威的吗？

中野　都会这么认为，对吧！但并不一定都是这样的。比如，有的人是有背景的，有的人自带人气，有的人很出众，或者有的人很漂亮。

内田　所谓的权威就是这样的吗？

中野　有时候权威化就是这么不可思议。就拿美国总统特朗普来说吧，说句不好听的，他说的话有时候完全不合逻辑，但不可思议的是他还真能聚集大家的注意力，让大家对他说的话洗耳恭听。

内田　嗯，是的。大家追求的就是要容易理解。

中野 我也这么认为。所以我在解答大家的问题和在电视节目中解说的时候都尽可能地把"逻辑"和容易理解的"权威"交织在一起传达给大家。

内田 原来如此。我希望你能通过你在《周刊文春 WOMAN》上的连载进行解答，所以我准备了两个想要咨询的问题。

你的烦恼也许大脑能帮你解决？中野信子的人生咨询——来自内田也哉子的咨询

Q1 又想亲近人，又希望离人远点

我小时候特别希望身边有人在，但家里又总是没人，所以一直都感到很孤独。直到现在虽然还是很依赖人，但是一旦跟人见面，见完之后又会有一种莫名的疲劳感，因此就变得很少主动去约朋友见面了。另外，去到人多热闹的环境中，本来应是为了消除孤独感的，却在热闹中更加感受到了孤独，那种感觉也很痛苦，于是又开始后悔还不如不去。

如果家里的一楼有家人或者很亲近的人在，我就既能感受到他们的存在，也能享受独处，所以我喜欢独自在二楼待着。对我来说这才是最舒服的状态。但现实中不可能一楼永远有人，我也不可能永远任性地待在二楼。我该如何才能获得真正的内心的平静呢？这是长久以来一直困扰着我的问题。

A1 为了维系生命，利己是理所当然的

我想一定有很多人是抱着"我非常能理解也哉子的心情"的心态的。我现在越发觉得你是一个可以搅动起很多人心里的沉淀，细腻与敏锐感并存的人。既想保留独立自我的空间，又讨厌孤独。这种"双重组合"性格的人就是会因为没有安全感而感到不舒服，但其实这正是人类的特征。然而生活中有很多人是将这两种情绪中的一种关上了，或者主动让矛盾溜走，选择妥协地活着。真不愧是你，能这般细腻地观察到自己内心的活动，真了不起！

包括人类在内的所有的生物所要面对的最大课

题就是自我生命的维系，并且需要为此去捕食，也需要将自己的身体置于安全的场所，所以这种利己的行为是非常必要的。但矛盾的是，如果将自己的食物和生存的场所分享出去，那么属于自己的那一部分就会减少。而另一方面，如果选择集体生活，又可以抵御外敌的袭击从而降低危险，提高生存的概率。这样看来，集体生活的好处很多，所以需要牺牲一部分利己的机能。孤独变成压力，其实就是人在潜意识中自我防御的反应。但同时，附和集体也就意味着要削弱利己的机能。人类一直都承受着来自这两方面的压力。我们可以将孤独所产生的压力称作 A，将附和集体而产生的压力称作 B。那么，讨厌孤独的人压力 A 就会比较大，而回避集体的人压力 B 则比较大。上述两种压力中哪种压力会让你感觉更大，在你出生后六个月到一岁半之间，你的大脑机能可能就对这个问题产生影响了。

我们熟知的幸福荷尔蒙 oxytocin（催产素），经过大脑作用以后会对自己身边的某个个体产生依恋的心理，而催产素的受体在大脑中的密度就是在这个阶段形成的。

身兼精神病学家和心理学家的约翰·鲍尔比 [1] 在对一岁儿童进行实验的时候发现：第一种情况，有的孩子即使将其从母亲身边抱开也不会哭泣，而且再见面时也会表现得无动于衷。这类孩子被认为是"回避型"人格，脑科学领域认为这种表现是催产素受体的密度偏低造成的。这种人对别人的关注淡薄，喜欢孤独，属于压力 B 较强型。第二种情况，虽然孩子在与母亲分别时会哭，但是再见到的时候会表现出很安心地投入母亲怀抱的样子。这种则属于"稳定型"人格，我们人类中约有 60% 是属于这一类的。第三种情况，有的孩子与母亲分离的时候能哭到崩溃，再见面的时候还会表现出"你为什么走了"的态度而继续哭闹。这种属于"不安型"人格，属于压力 A 较强型的。这个类型的人表现出来的特性就是会经常需要别人的陪伴，会不

1　约翰·鲍尔比（John Bowlby，1907—1990），英国发展心理学家，从事精神疾病研究及精神分析的工作，最著名的理论为他在 1950 年代所提出的依恋理论（attachment theory）。

停地确认对方对自己的爱，不能接受背叛。第四种
情况是介于"回避型"和"不安型"之间的"混乱
型"人格。据说孩子出生后六个月到一岁半这期间
所产生的催产素受体的数量将决定他是什么类型的
人格，而且几乎 90% 的人终身都不会变。但也还
是有 10% 是有可能改变的。我很明显属于"回避型"
人格。虽然我非常想一个人独处，也会意识到应该
去信赖他人。因此，当遇到一个可以信赖的人的时
候，就开始慢慢地去信赖他了。

树木希林没签任何经纪公司，在工作上始终单
打独斗，生活中也是与自己的家人甚至丈夫都保持
着一定的距离。做她想做的事，说她想说的话，如
果谁想要离去就随他去，从不在乎，这也许是非常
飒的"回避型"人格呢。

Q2 想控制自己的急躁情绪

我听说知性来自母亲，感性来自父亲。我虽然
很少跟父亲见面，但每次见面的时候总会看到他平

均 30 秒就爆发一次，他的这个 DNA 一定是被我继承了，就像发火感应器一样极其敏感地发动着。一看到孩子咔嚓一声好像把什么东西弄坏了，我就会暴跳如雷般地冲他们发火。如果说了几遍还不改，那火气就更大了。我也希望把父亲当作反面教材，想尽可能地不那么暴躁，成为能高明一点训斥孩子的大人，但是好像做不到。

A2 大脑在 30 岁之前还没有完成"后设认知"和"共鸣"

我也差不多有这种倾向。我曾经在公开场合脑袋断了弦一般控制不住地大发脾气，然后反而是比我年长的人过来笑着安慰我说"中野你很摇滚呐"。那时候我才意识到原来我这么不成熟，真是后悔莫及。想控制将要断弦的自己需要有"后设认知"，也就是说，需要拥有一双能站在高处俯瞰自己的思考和情动的眼睛。具有了"后设认知"，就能控制好自己的行动。我现在总是会在快要断弦的时候想起"你很摇滚呐"那句话，于是就会提醒自己，现在不是断弦的时候。虽然也会偶有失败，但是我劝你也一定要给自己找一个用来提醒自己的由头，就像给自己的情绪拴了一根绳子那样。

大脑中有一个叫做 DLPFC（Dorsolateral prefrontal cortex 背外侧前额叶皮层）的区域，这里既能进行后设认知，也能根据具体状况进行损益的计算。所谓的计算就是指，比如说是在这时候断弦获得一时的痛快，还是控制一下情绪，从长远看哪个更值得。但是，研究表明 DLPFC 要一直持续地长到 30 岁左右才会成熟，也就是说在那之前它还是不成熟的。在它还没有完全成熟之前，要想冷静地审视自己和保持忍耐应该是比较难的。所以你会情不自禁地对孩子发火："跟你说了多少遍了！"

而对于孩子来说，因为 DLPFC 更不成熟，所以更多的时候是即使被骂了也不太能理解，更无法判断。因为还不明事理，所以就只留下了被骂的记忆。

另外，还有一个叫 OFC（Orbitofrontal cortex 眼窝前额皮质）的属于"共鸣的区域"，是设身处地地考虑对方心情的地方。这个地方的成长也是很慢的，所以孩子很难会有"可能妈妈不喜欢这样做"或者"如果这样做了会遭到她的厌恶"这样的认知意识。在 OFC 还没有成熟之前，如何能成为一个理解别人心情的人，则需要大人们的示范。但是家长也不可能完美到 24 小时乃至 365 天都在很好地示范，所以在孩子成长到 30 岁之前，也许也是考验大人能否接受孩子的这种"不成熟"的时期。

结语　从脑科学的视角观察家人

中野信子

　　所谓的家人，是被这样定义的：以夫妻关系为中心建立起来的有着血缘关系的人群。但仅仅有血缘关系是不够的，还需要与家庭这个组织一起承担很多麻烦的事情。让人觉得沉重的是，不管是家庭成员内部还是外部，人们都期待着家人之间"情绪的联系"，而这可以说是在血缘的基础上，家人与外人最明显的区别。但其实，家人无非就是在法律认定的婚姻关系中，仅仅比别人多了一点遗传基因而已。

　　树木希林参演的电影《小偷家族》正是聚焦在这样一个情绪的联系。电影探讨的正是关于"家是

260

什么"的问题。这部电影获得了第71届戛纳国际电影节（2018年）的金棕榈奖，这也是日本电影在时隔二十多年后斩获的好成绩。同时它也装点了树木希林灿烂辉煌的晚年，有着深远的意义。

的确，家这一组织从客观的层面来看，仅仅是功能方面有着很多的作用。性、生育、抚养、经济产出、保护、教育、宗教、娱乐以及社会地位的给予等等。但是反过来看，所有上述功能可以说又会因为社会的变迁而慢慢地发生很大的变更。因此，家的存在方式并不是可以用一种固有的概念来定义的，如果从历史学、民俗学的角度去看待，它有着更多彩的形式。

如果前面所列的那些所谓的社会功能全部都能够实现的话，其实家的形式就没有必要变成我们被灌输成的现在这样的刻板印象了。也就是说，我们的家的形式的基础就是先有一夫一妻制度下的性伴侣，然后有孩子，但这样的家的形式是不是古今东西不分阶层所共享的最基本的形式呢？并非如此。家的形式没有一个固有的定义，这一点不正是人类这个物种最厉害的地方吗？为了顺应环境采取多样化的育儿形式，其柔软性不正是我们生存的战略武器吗？只不过在我们认知的世界中，总是会被来自社会各个层面的信息所左右，从而忘却了作为人类的我们本质上所拥有的战略多样性，也从而会被动地认为现在这样所谓的基本形式就是独一无二的正确的形式。这个驯化过程常常会让我们觉得我们的家的形式是不是偏离了正轨，怀疑自己的家的形式是不是不健全，在这之中就会产生很多的烦恼。我们会感受到来自内外的关于"应该维持那个形式"的压力，这让本该受到重视的一个个家庭成员的情绪成了牺牲品。

也哉子跟我聊到她从小就在思考并备受折磨的关于"家应该是这样的吗"的问题。作为彼此很少见面的"不可思议"的夫妻的独生女，她的家跟普通人的家的区别到底是什么呢？她一定无数次地这样问过自己。而从我的角度最想问的是"那他们为什么要结婚呢？"客观地去看，他们的婚姻无论是在"愉快地交谈"这个层面，还是在"拥有两个人在一起的好处"的层面，都毫不符合。也哉子是在父母关系很差的环境中长大的，虽然享受着来自家人的抚养和保护这一家庭功能，但情绪方面是扭曲的。她儿时应该一直都在思考"家人到底是什么"的问题。

无论是也哉子还是我自己，虽然形式不同，但是我们都被迫经历了很长时间的对于"家的存在形式"这样很沉重的问题的思考。我们仿佛在沉默的呻吟中找到了共鸣。这个呻吟虽然是在与也哉子的对谈中洗练出来的，但它也许是更具有普遍性的。苦于自己的家庭关系，内心深处充满了对这种不合情理的关系的苦闷感，不想再忍受这种呻吟，想大声呼喊，潜意识中拥有这样苦恼的人还真不少吧？有的是因为家人的关系，有的是因为亲子关系，产生各种各样的烦恼。也正因此，才会有那么多相关题材的人气电视剧的诞生吧。

只待在一起不行吗?

　　现在我们认为的标准的家的形式，不是刚从别处引进的，而是用了近150年被普及了的形式。男人作为户主，即所谓的"一家的大黑柱"[1]，他有收入，且用这个收入来经营家庭。而妻子则负责家中的一切，分担养育孩子的职责。

　　这样的形式和分工有效地延续着下一代。与此同时，从社会的角度看这样的结构还有一个好处，它使什么变得便利了呢? 那就是作为公司组织或社区组织，可以用妻子作为"人质"让男性更长久地为其工作。说人质可能听起来不舒服。因为有了需要抚养的家人，男人就不会轻易地离职。同时作为管理方的逻辑，又会构建出"女人不适合工作"的一般常识。对于一个组织来说，由婚姻关系所产生的有妻有子的体系，从确保劳动力这一点上是极其顺理成章的结构。

1　柱子被认为是顶天立地的，所以日语中用大黑柱这个表达来形容丈夫。

让我们从家的话题稍稍偏离一下聊聊关于性的多样性吧。日本对于这方面是一个非常宽容的国家。不用我专门引用白洲正子[1]的《两性兼具的美》(新潮文库出版)，大家应该也知道，历史上曾经断袖之风盛行，寺院里有男童陪睡的习俗，连男妓院都有过。对于这样的契约形式和关系结构，日本在古代都是很宽容地容忍和接受的。日本性伴侣的存在方式超出了家庭的框框，充满了多样化。

当我们像这样展开时间轴去思考的时候，你就会发现我们是如此严重地被所谓的现在的常识，也就是那种根本证据不足的社会观念所束缚着，一想到这些我就会不寒而栗。如果稍冷静下来，你就会发现其实根本没有被束缚的必要。正是因为被一些不合理又没什么根据的事物束缚着，才让我们有受挫感。

虽然这样说，但我和也哉子也并不想去抵抗现在这个社会的常识，因为那样会让我们遭受来自社

---

1 白洲正子（1910—1998），日本的女性随笔家，出生于贵族之家，其夫为日本战后著名的政治家、实业家白洲次郎。

会的谴责。用很生硬的办法去表达自己的想法，我们似乎也已经过了那个年龄。

如果说还有一个能够继续做家人的合理的理由的话，那就是遵循来自经验的智慧，这还是很有用的。非常明确地把它写出来，我多少会有些顾忌，而且或许会遭到很多人的反驳，但从现实中看，这可以说是一个很大的理由吧。

当然了，跟待在一起很快乐的人结婚一定是最大的前提。但如果仅仅是在一起的话，那结婚这个法律依据就变得可有可无了。因为结婚这个形态从社会结构上会让很多人都能接受，且对于那些人来说是最舒服最安心的状态，也因此他们才会选择结婚。

也许有人会谴责我作为一个经常在媒体上发言的公众人物不应该这样去分析婚姻。但是，假如有某些人他的家的形式是与众不同的，而且正在经历痛苦，这样的人或许正在看这篇文章，那么他就会想，原来也有像中野这样想法的人啊，那也许能让他稍稍振作起来。如果有这样的人，那我别提会有多开心了。

也就是说你做的事情既没有错，也没什么奇怪的，只是相比其他人可能是少数，仅此而已。

也哉子在刚跟我见面的时候也一直在重复地问我"这样真的可以吗？"她有着内田裕也和树木希林这两位充满个性以及在婚姻生活上特立独行的父母。这在 20 世纪至 21 世纪初的日本是属于非一般形式的家庭。也就是说，这种家的形式的确是不多见的，但也并不完全是奇怪的，也没有错。只不过这样的家庭也是存在的，仅此而已。

父亲经常不回家，为了满足母亲的高要求而接受严格的教育，因为保全家庭名声而承担了很多等等，这世间有着太多因为家庭原因而苦闷的人。的确，也哉子的成长环境，可以说凝缩了家人产生摩擦的各种情况。但是反过来看，作为典型案例，也可以说这正是一个集合了能引起为原生家庭关系所痛苦的朋友们共鸣的各种要素的环境。

在第一章的谈话活动中我们聊到了信天翁的话题，信天翁的三分之一属于雌同性恋，它们共同养育孩子，很自然地选择了非男女一起育儿的生存环境。它们的生存状态启示我们，对繁殖和育儿的行为可以区分对待。如此一来，可能我们人类面临的一系列的难题也会迎刃而解了。现在的一夫一妻制的家的形式，虽说能得到经济政策上的好处，但在不容易得到祖父母支援的当前日本社会环境下，母亲的负担明显变得很重，所以很难说这种形式作为生儿育女是最理想的，而对于想要增加人口就更是效率低了。这个道理，连聪明的小学生都能明白。

2040 年，一半的日本人不会再选择结婚了

这个问题在新冠疫情期间一下子显露出来了。这是加速步入少子化进程中产生的各种问题的呈现，而这也是现在的婚姻结构所带来的低效率造成的。相比日本的结构，法国的结构则能让出生率得到提高，因此也可以说是成功的结构。不是说法国人比日本人更优秀，只是说他们针对单纯的生子和育儿的结构是成功的。他们所采取的方法就是，作

为法律层面的结婚框架是非常松散的，而且实际上现在已有将近 60% 的孩子属于非婚生子了。在这样的情况下，比如孩子与父亲新的妻子关系很好，"我有两个'父亲'，即使他们没结婚，我依然是他们的孩子""这个男人是妈妈的男友"等等，在法国给孩子阅读的绘本中，这样的关系被很自然地介绍并展示出来。

（就日本而言）只要不拘泥于婚姻关系，出生率就会增加，对于这个现象大家是怎么看呢？有不少人会说，父母不结婚的话孩子很可怜，但是我的观点恰恰相反。

我认为凡是觉得孩子可怜的人，多半是因为他们只认为自己迄今为止被（日本社会）灌输的东西是正确的，而且深信不疑，虽然有这种想法也是无可厚非的。

但是，这样的人难道不是在拿着正义的盾牌逼迫孩子吗？你是否能感觉到自己会成为这样的人？难道只要凭借一副正义的面孔，就可以任意地逼迫孩子吗？不是这样的吧。人都是各不相同的，可以说正义有很多不同的面相。因为这个人的周围一定有能让他的正义成立的某种土壤。但是请别忘了一个最基本的原则：想要实现一个健全的育儿社会，难道最重要的不是应该尊重每一个个体吗？

有人推算，到 2040 年估计会有一半的人不会选择结婚了。是的，说的就是日本。不用说家庭，连婚都不会结了，因此迄今为止的关于家的形式的社会常识今后会发生急速的变化。

也许，当我们在谈论家的形式应该更多样化的这一刻，其实已经是陈旧的了。现实是，日本的离婚率已经超过了三成。"家的形式的多样性"已经变成了现实，这个事实已经得到了全社会的认同。

在本书的第五章中，我和也哉子聊到，虽然我们都是在社会一般常识以外的家庭中成长起来的，但我们也选择了结婚、组成家庭这一形式，聊到了关于"家的制度"。因为，既然我们也是社会中的一分子，那就不可能完全无视一般常识而活。更确切地说，抵抗这个常识是很麻烦的。理由就是，因为我们也并不是完全没有选择进入婚姻的动机。关于这一点，也哉子是怎样想的呢？

　　但至少，不去考虑社会性的压力、一般常识以及客观上的家的功能等层次的因素，从另一个维度上来看，我们想跟某个人建立牵绊的关系，并且想让这种关系得到确定，因此我们才选择了自己的伴侣吧。

　　虽然我顺势差点脱口而出"这与形式不形式的没有关系"，但我也明白，我们应该清醒地认识到，这种爱慕之情是极善变的。

　　在明白的基础上，如果还是愿意的话，为了随时可以回到那个牵绊的关系中，我想我们是故意且本能地选择了婚姻这一形式，并且我自己也已经结婚很多年了。

HAINENGZUO JIAREN MA?

还能做家人吗？

NANDE KAZOKU WO TSUZUKERUNO?
by UCHIDA Yayako, NAKANO Nobuko
Copyright ©2021 UCHIDA Yayako, NAKANO Nobuko
All rights reserved.
Original Japanese edition published by Bungeishunju Ltd., Japan in 2021.
Chinese (in simplified character only) translation rights in PRC reserved by C5Art
(Beijing) Co., Ltd., under the license granted by UCHIDA Yayako and NAKANO
Nobuko, Japan arranged with Bungeishunju Ltd., Japan through TUTTLE-MORI
AGENCY, Inc., Japan.
封面照（内田也哉子）：伊藤彰纪（aosora）
封面照（中野信子）：塚田亮平
Editorial configuration by KOMINE Atsuko
Illustrations by Gento Uchida
著作权合同登记号桂图登字：20-2025-005 号

图书在版编目 (CIP) 数据

还能做家人吗？ / （日）内田也哉子，（日）中野信子
著；英珂译 . -- 桂林：广西师范大学出版社，2025.
4. -- （下班半小时）. -- ISBN 978-7-5598-7939-4

Ⅰ . C913.11-49

中国国家版本馆 CIP 数据核字第 20253GN626 号

广西师范大学出版社出版发行

广西桂林市五里店路 9 号　邮政编码：541004
网址：http://www.bbtpress.com

出 版 人：黄轩庄
责任编辑：吴赛赛
助理编辑：陈　雪
装帧设计：周伟伟
内文制作：张　佳
全国新华书店经销
发行热线：010-64284815
北京盛通印刷股份有限公司印刷
北京市经济技术开发区经海三路 18 号　邮政编码：100023
开本：710mm×960mm　1/32
印张：9.25　　　　字数：123 千
2025 年 4 月第 1 版　2025 年 4 月第 1 次印刷
定价：59.00 元

如发现印装质量问题，影响阅读，请与出版社发行部门联系调换。